「高齢期」を私たちはどう生きるか

――「老い」と「死」を見据えながら、「社会」とかかわる

小櫻 義明
静岡大学名誉教授

JMP
日本医療企画

はじめに　「高齢者学級」の受講生のみなさんへ

「学ぶ（学習）」ことは苦手だ。活字を見るだけで眠くなる。そう思っている高齢者は多いと思います。しかし日々の暮らしの中で「考える」ことは多いはずです。「考える」とは「頭を使う」ことであり、それが「学ぶ（学習）」ことです。それは「教える」ことでも、「教えられる」ことでもありません。そう考えれば人間は「生きる」ことで「学ぶ（学習）」ことをしていることになり、難しく考える必要はありません。

「学ぶ」とは自主的かつ主体的に「考える」ことであり、「知る＝記憶する」だけでは「学ぶ」ことになりません。「考える」ことが必要であり、それは自分が「知りたい」「興味ある」「大切だ」と思うことを見つけることから始まります。そして、その問題・課題について「他人の話を聞く」「本を読む」ことが「学ぶ」ことになります。そこで私が提起する「課題＝考えてもらいたいこと」が「長い高齢期をどう生きるか？」です。

なぜなら私も含む高齢者が、今、「生きる意味」を考えざるを得ない状況に追い込まれているからです。高齢者を「家族」や「社会」に「迷惑」「負担」をかけている存在とみなし、高齢者を「憎悪」「嫌悪」する社会的風潮が広がっています。このことは私たち高齢者の「心」の中にも浸透しており、「どう生きるか」が分からなくなっているのです。

私たち高齢者は、日々の暮らしの中で「老化の進行」による「心身の機能の低下」を実感し、「死の接近」に脅えながら生活しています。そして近い将来、自分は「介護される」状態に陥ると思うと、「家族や社会に迷惑をかけないために、早く死にたい」と願うようになります。それは、今の日本における高齢者への感情が「敬老」から「嫌老」へと転換し、「高齢者受難の時代」の到来を予感させるからです。

他方で、今、「ジェロントロジー」と呼ばれる国際的な規模での学際的・総合的な「高齢者研究」が進んでいます。そこでは「嫌老」とは真逆の高齢者に対する肯定的な認識・評価が提起されています。国連からも高く評価され、各国政府への「ジェロントロジー」の研究と教育の普及の勧告となっており、それを日本政府も受け入れ、「活力ある高齢者像」として提起しています。

ところが私たち高齢者には、この新たな「高齢者研究」について「学ぶ」機会はありません。ようやく取り組みが始まったばかりであり、日本老年学会や東京大学・高齢社会総合研究機構などで研究・調査・教育活動が進められています。私もそこから多くのことを学びましたが、高齢者の視点から「嫌老」という社会的風潮と立ち向かう点で物足りなさを感じています。

私が高齢者の問題に関心を持ったのは、妻の介護のために大学を早期退職し、自分も高齢者になっていると気付いてからです。それと同時に私は民生委員として12年間も活動することになり、「介護」と「福祉」の両面から高齢者の問題を考えるようになります。本格的に調べ始めたのは、妻が特別養護老人ホームに入所してからですが、老人福祉センターやデイサービスなどで高齢者の問題について話すようになります。

私は1974年から2007年まで静岡大学で研究者として働いてきました。専門は経済学の地域政策ですが、私は大学院の時から専門分野にこだわらない研究者になりたいと思っていました。研究者に評価されるよりも、普通に暮らしている人たちに評価される研究者になることを志してきました。専門分野に閉じこもる「専門家」ではなく、現実の問題を学際的・総合的に分析する「総合家」になりたかったのです。

そして私は静岡県という地域を学際的・総合的に分析・研究する「静岡地域学」を生涯の研究テーマとしますが、その中で「地域づくり」に関心を持ちます。そして過疎の山村に移り住み、集落の人たちと共に「むらおこし」に取り組みました。また私は学生からの恋愛の相談を踏まえて「学生（若者）論」「恋愛論」を講義の中で話しており、それが「女性論（フェミニズム）」に引き継がれ、現在の「高齢者論」に繋がります。

私が「高齢者論」に興味を持ったのは、「地域論」と似ていることも一因としてあります。

それは共に今日的な重要課題であり、多くの学問分野で研究が進展しているにもかかわらず、その成果が研究対象である高齢者、「地域住民」に「知られていない」「届けられていない」点で似ているのです。そこで私は「地域研究」と同じ手法で「高齢者研究」にも取り組み、静岡市内の「高齢者学級」で講義するようになったのです。

全国の「高齢者学級」の講義内容を調べると、趣味や一般教養の科目が中心であり、私のような講義をしているところは少ないし、開講していても不人気で受講者も少ないようです。しかし私の講義は受講者に好評で喜んで聞いてくれています。この点から私は日本における「高齢者研究（ジェロントロジー）」が、それぞれの専門分野から「高齢者」に対する「上から目線の説教」になっていることに気付きます。

そこで私は「高齢者学級」で話している内容を本にまとめることにしました。それは「高齢者として知っておくべきこと・考えるべきこと」であり、次の三つとなります。

第一は、私たち高齢者をめぐる社会的な状況、特に日本で広がっている「老いを嫌い・憎悪する」＝「嫌老」という社会的風潮の問題です。

第二が、国際的で最新の「高齢者研究」の紹介であり、そこから「嫌老」と立ち向かう理論を学びます。

第三が、「社会参加」と「老いの進行」「死の接近」という三つの課題への対応であり、この三つは関連し合って「老いと死を見据えながら、社会と関わる」という「高齢期の生き方」となります。ここでは「心」と「身体」が密接に繋がっていること、「社会」との関わり方を考えます。これは私も含む高齢者全体への「問いかけ」「問題提起」であり、「当事者」としての体験や生活実感を踏まえたものとなります。

目次

3　「現役引退（隠居）」と「生活」への回帰

4　「社会参加」と「健康維持」「終活」

1

「嫌老」と「高齢者学習」

「敬老」から「嫌老」へ「高齢者受難の時代」の到来

私が大きな衝撃を受けたのは、高齢者を騙してお金を奪った罪で捕まった若者の次のような供述です。「正直、老人から金を取っても心が痛まない。俺たちには未来がある。日本の未来だって、若者にかかっている。老人は生きれば生きるほど金がかかる。その金を払っているのは若者だ。あとは死ぬだけ、という老人たちに金は必要ない」（「若者の『老人狩り』が頻発！」NEWSポストセブン、2018年3月26日配信）

「俺たちには未来がある。日本の未来だって、若者にかかっている」という言葉は、私たち高齢者が若者であった時に発していたものです。それが「高齢者」に対する犯罪の免罪の理由とされることは驚きであり、私は激しい怒りを感じます。しかし、私は自分の心のどこかに「そう思われても仕方ない」という感情があることを認めざるを得ません。それは、私たち高齢者の日常の生活実感からもたらされているようです。

その生活実感とは「仕事もできなくなり、子どもも自立した生活をするようになった今、自分がやることは静かに死を待つだけだ」というものです。高齢者となった自分は、今、「なぜ、生きているのか」「何のために生きればよいのか」が分からなくなっているのです。自分は「社会からも、家族からも必要とされていない」「むしろ迷惑をかける存在になっている」と思うからです。

これに対して若者から高齢者を見れば、「働くこともせず、ただ遊んでいるだけ」と見えるかもしれません。それなのに自分たちより「多くの預金」があり、医療や介護などで「手厚い支援」を受けている。社会に「必要とされない」のに、社会に「迷惑をかけている」存在であり、それが「老人から金を取っても、心が痛まない」という「感情」に繋がっているようです。

最近、アメリカの名門イェール大学助教授の成田悠輔氏による、次のような発言が大きな問題となりました。彼は「高齢化し老害化しないために『人は適切な時期に〝切腹〟すべし』」と発言し、高齢化の問題の唯一の解決策は「高齢者の集団自決、集団切腹しかない」と述べたのです。これはアメリカのニューヨークタイムズで報道され、「許されない発言」として世界で大きなニュースとなりました。

日本では「彼は以前から同じ発言をしており、単なる比喩であり、騒ぐほどのことでない」とされ、彼はメディアへの出演を続けています。「彼は世代交代による日本経済の低迷からの脱出を呼び掛けたのであり、過激な発言ではあるが問題提起としては意味がある」というのが日本での評価のようです。しかし彼は「強者」である一部の高齢者だけでなく、「弱者」となっている多くの高齢者にも「憎悪」の感情を持っています。

彼の発言が注目されたのは、『集団自決』という言葉を使っているからです。それは戦争、特に敗戦の責任を指導者・指揮官だけでなく、戦争に巻き込まれ被害者である住民にも押し付け、死を迫る言葉です。それが高齢者問題の解決に関連して使われたことは、成田氏の怒りが社会の権力者である一部の高齢者だけでなく、社会から排除されている多数の高齢者にも向けられていることを意味しており、それに世界は驚いたのです。

彼に影響されたかどうかは分かりませんが、迷惑系ユーチューバーとして有名なへずまりゅう氏が東京都豊島区の区議会議員選挙に立候補し、「高齢者に厳しい社会へ」を政策として掲げ、「ジジイ、ババアは若者に道を開けろ」と訴えたことは問題です。彼はおそらく「高齢者は優遇されている」と批判すれば、多くの票が獲得できると思って立候補したのでしょう。結果として落選になりましたが、彼からは反省の言葉は出ていません。

問題は、「高齢者は優遇されている」という認識が社会に広がっている点にあります。政治学や経済学の中で支持が増えている「シルバーデモクラシー」の主張も、そのひとつです。「高齢化」によって有権者の多数は高齢者となり、彼らの投票率も高いので、政治家は「高齢者優遇の政策」を行っている。だから選挙制度の改革で「高齢者の一票の価値の削減をする」ことも提起されています。

これとは別に「安楽死」をめぐる議論も、高齢者に対する「嫌悪」と繋がって起きています。きっかけは有名な脚本家である故・橋田壽賀子氏の次のような発言です。「仕事は嫌というほどやったし、世界中の行きたい場所へ行きました。もうじゅうぶん生きて、やり残したこともなく、思いを残す相手もいません」「食事から下の世話まで人さまの手を借りるなら、そうなる前に死なせてもらいたい。これは、尊厳とプライドの問題です。死ぬときに、痛いのや苦しいのも嫌です」（『文藝春秋』（２０１６年12月号）

私は「苦痛だけをもたらす延命治療」には反対であり、「人間としての尊厳を保って死を迎える尊厳死」には賛成です。自己の「死」に対する発言権も尊重されるべきと考えています。しかし危惧されるのは、「安楽死」が高齢者を「迷惑をかけている」という理由で「排除する」動きに利用される危険性がある点です。「安楽死」が「姥捨て山」の現代版にされそうになっていると感じてしまいます。

２０２２年に「75歳以上の高齢者に安楽死を認め、支援する制度」ができたことを描いた映画「ＰＬＡＮ75」が上映され、カンヌ国際映画祭などで多くの賞を受賞しました。この映画は「安楽死」に否定的でしたが、制作の準備の段階で監督が高齢者に意見を聞いたそうです。すると「賛成」「出来たら利用したい」という発言が多く、「社会に迷惑をかけるのであれば、早く死にたい」と思っている高齢者の多さに驚いたとのことです。

この点で高齢者に対する「自動車運転免許証の自主返納の推奨」の動きは、「命の自主返納」として「安楽死の社会的な推奨」に繋がる危険性を含んでいます。私も運転技能が低下した高齢者は「運転すべきでない」と思っており、高齢者が自分の運転を危険と自覚すれば「免許証」は返上すべきです。しかし、それは「技能の評価」で判断すべき問題であり、年齢で強制されるものではありません。

ところが一定の年齢以上の高齢者から「運転免許証を強制的に取り上げる」ことを主張する有識者も多くいます。家族が高齢者から無理やり免許証を取り上げたことが美談として報道されることもあります。それは「嫌老」が「社会的風潮」から「社会的差別」になりつつあることを意味するものであり、「高齢者受難の時代」の到来を予測させるものとなっています。

成田氏を厳しく批判し、「嫌老」の社会的風潮を嘆く論者は多くいます。しかし私は、私を含む高齢者全体が「そう言われても仕方ない」と諦め受け入れていることこそ問題だと思っています。その気持ちを変えるためには、高齢者自身が「高齢期とは何か」「高齢者は、どう生きるか」を考えねばならず、「高齢者学級」の課題として提起し、「高齢者学習」の目的にもすべきです。

「高齢者教育」の否定から「高齢者学習」の提起へ

教育学に「老年教育学」という分野があります。それによると1950年代まで「青少年」を対象にする教育は存在しても、「高齢者」を対象とする教育は否定されていたそうです。人間は「老化」によって「学習能力」が低下するので、高齢者に必要なのは「教育」より「福祉」であるとされていたのです。その結果、**図1**のように「青少年」への「君たちは、どう生きるか?」という問いかけが、「高齢者」には「あなたたちは、こう生きるべき!」という説教になってしまいます。

しかし「ジェロントロジー」のような高齢者研究が進展すると、高齢者にも学習能力があることが明らかとなり、高齢者も「教育の対象」とされるようになりました。高齢者には長く生きてきたことで、多くの経験を積み、知恵や知識があります。高齢者には「青少年」と同じような教育を高齢者に行うことには無理があります。そこで「自分で考えること」として「学習」が使われることになります。

それを示したのが**図2**となりますが、ここでは高齢者自身が自らに「どう生きるか」を問い

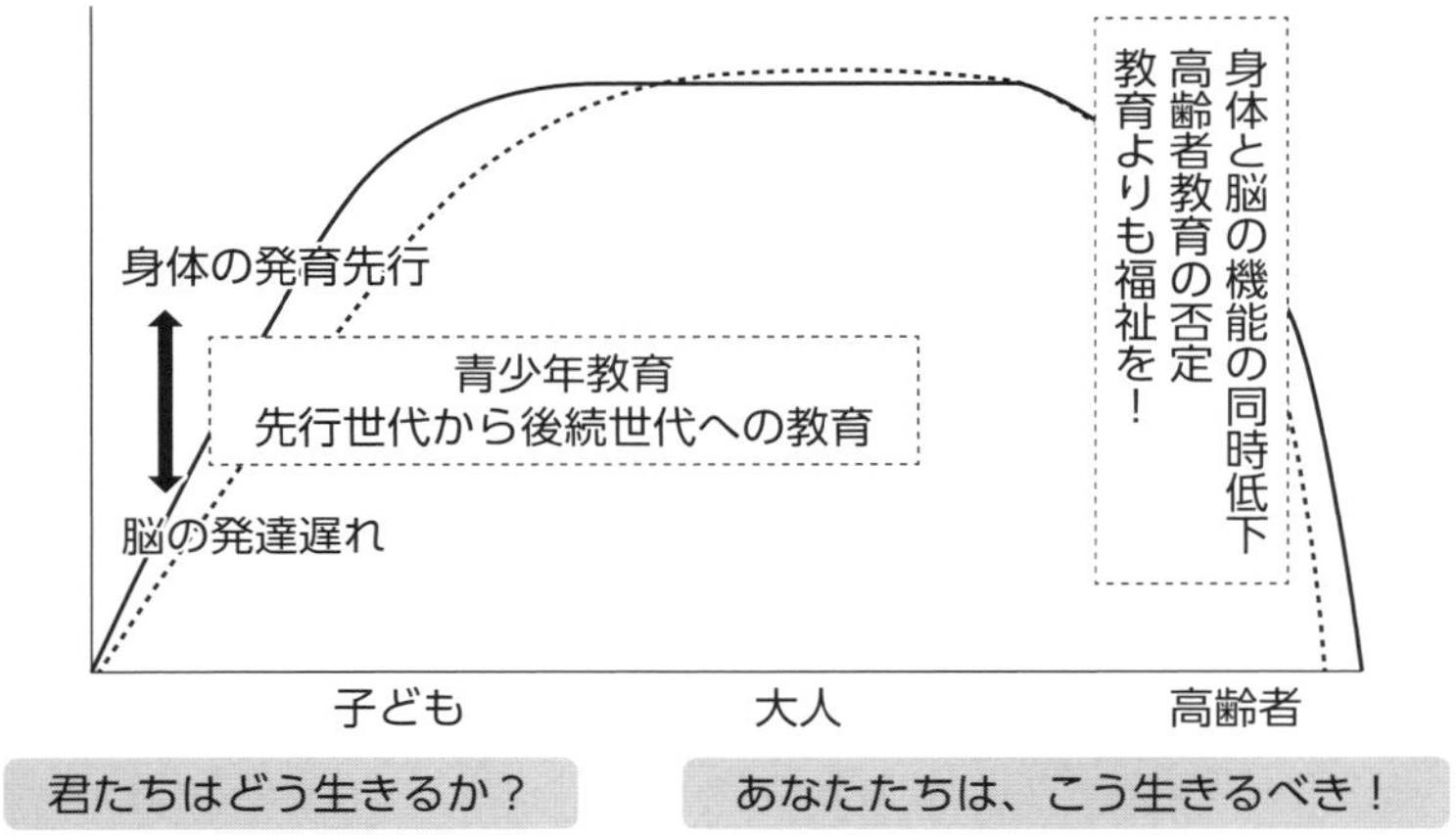

図１　人間の発育と青少年教育・高齢者教育の否定論

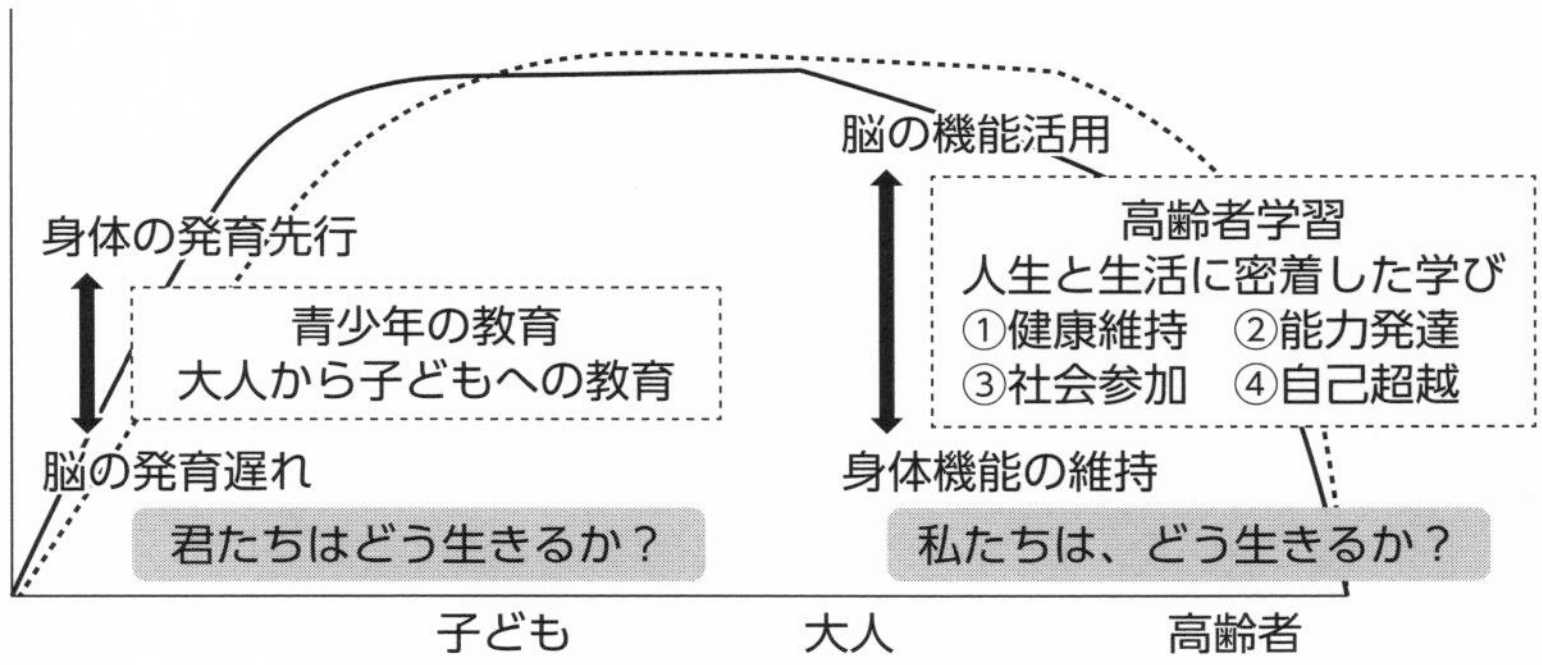

図２　人間の発育と高齢者学習論

かけることが重要になります。しかし日本の社会や大学・小中高の教育現場では、昔から「記憶させる」ことが教育の中心であり、「学習」として自発的に「学ぶ」という経験は蓄積されていません。学校教育と同じようなものが「高齢者学習」として実施されても人気が出ないのは当たり前です。

そこでは「人生と生活に密着した『ジェロントロジー（高齢学）』の学習」が中心に据えられるべきです。それを知識として「知る」だけでなく、「自己肯定感」を高め「生きる意欲」の喚起に繋げるべきです。そのためには「身体・健康」「能力発達・自己表現」「社会参加・社会貢献」「自己超越（悟り）」等を課題とすることも必要であり、「知る＝知性」で「感じる＝感性」を刺激し、それを「行動」に繋げていくべきです。

なぜなら「学ぶ・知る」ことを「面白い」と感じなければ、それを続けることが出来ないからです。私自身、「感性を磨き、感性に溺れ、感性に麻痺する僕の論理（理性・知性）」という言葉を自分に言い聞かせており、学生には「頭が悪いことは素晴らしいことだ」とも言っていました。それは学生の多くが「先生が言っていること」「教科書に書いてあること」を記憶し、それを試験の際に書くのが「頭が良い子」と思い込んでいたからです。

その結果、自分の意見が言えない学生が多くなり、ゼミでの議論も進まなくなっていました。私は「感情」を大切にしないで、「記憶」することばかりの学生を「中途半端な優等生」と呼び、そこから優秀な頭脳は育たないと考えました。この点で自分は「頭が悪い」と思い込んでいる学生は、「先生が言っていること」「教科書に書いてあること」に「感情」が揺さぶられないだけであり、「記憶」できないことを恥じる必要はないのです。

自分の「感性」で「面白い」と感じたことを大切にすれば、「勉強」は面白いものになり、優れた自分だけの見解に繋がるのです。さらに、それは「行動」になり、「どう生きるか」に繋がっていくのです。だから「高齢者学習」においても「記憶」する必要はないのです。「面白い」と感じれば、自然に記憶できるものであり、大切なことは「人の話を聞く」「本を読む」ことです。それを「面白い」と思えば「学習」になるのです。

「高齢者自立宣言」と「高齢者学習」「食事」と「運動」「学習」の連携を考える

高齢者が最も興味を示すのが「健康の維持」ですが、食事や運動には熱心でも「頭を使う＝勉強」には気持ちが動かないようです。しかし私は「食事＝口を動かす」ことと「運動＝身体を動かす」こと、そして「学習＝心を動かす」は繋がっており、三つの連携が高齢者にとって大事だと考えています。それを表したのが**図3**であり、「健康長寿」と「高齢者学習」の関係

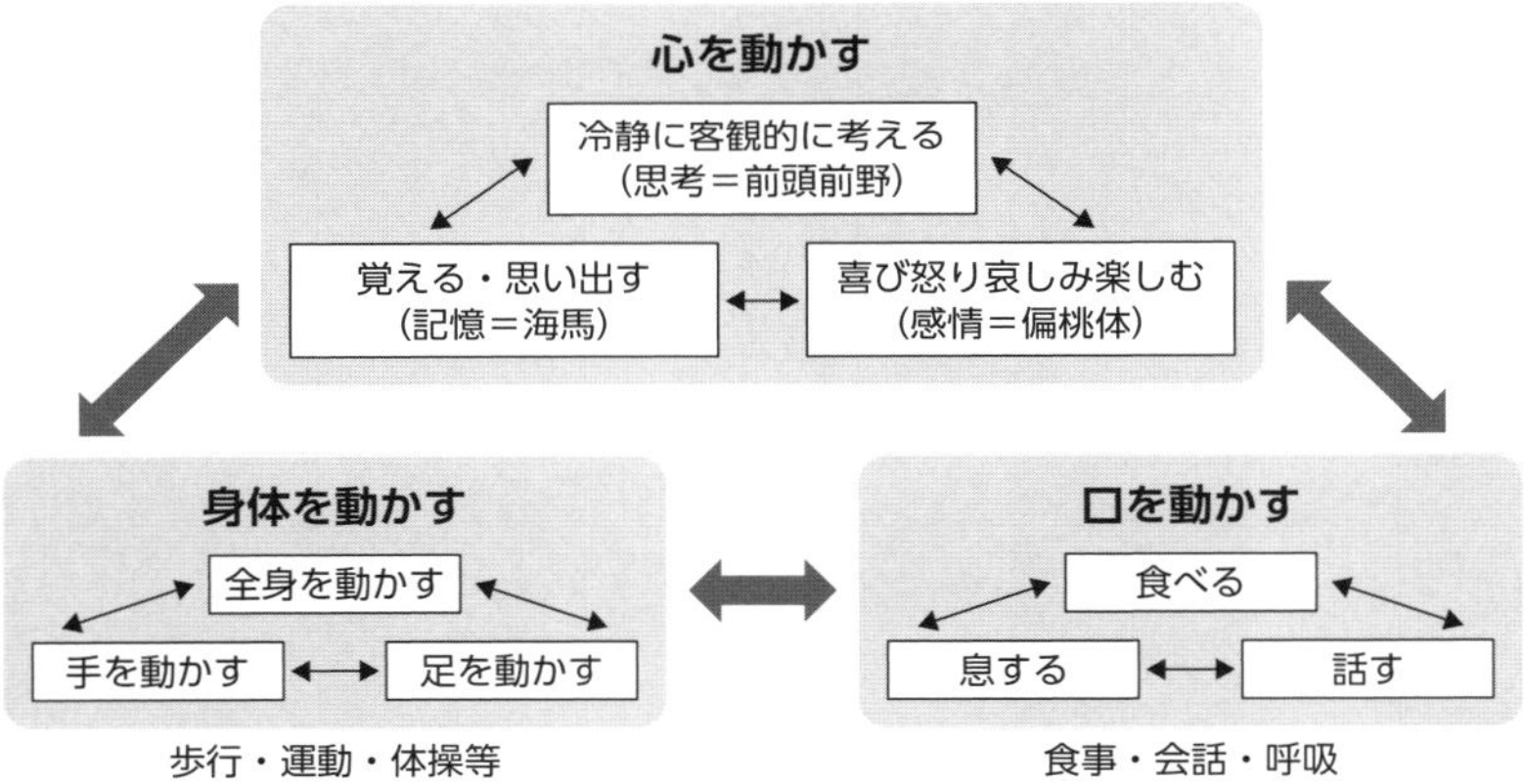

図３　「健康長寿」の三つの秘訣と高齢者学習

を示すものとなっています。

私は民生委員として高齢者に対する様々な社会的支援を見てきました。そして、その支援の多くが「身体を動かす」「口を動かす」ことに関わるものであり、「心を動かす」支援が少ないと感じました。それは「介護」における「身体介護」の重視と「心の介護」の軽視に通じます。しかし「心」と「身体」は本来、密接に繋がっているものであり、その関係は「心身相関」と呼ばれ、「介護」や「医療」でも重視されつつあります。

実際、「介護」の中に「回想法」「音楽療法」という心理療法があります。「回想法」とは、「昔のことを思い出す、話し合う」ことで「認知症予防」を目指すものです。「音楽療法」とは「歌う、楽器を演奏する、音楽を聴く、音楽に合わせて身体を動かす」ことで「気持ちを穏やか」にして「認知・運動機能」の維持・改善に繋げるものです。これを私は、特養に入所した妻に行っていました。

「音楽療法」は、私が自動車の運転ができない高齢者を自分の車に乗せて買い物に行くという「買い物ツアー」をボランティアとして行っていた時に気付いたものです。片道が一時間半かかるために、高齢者に「昔の流行歌」を聞かせると大変喜ばれたからです。そこで私はプロジェクターとスクリーンを買って、老人クラブなどで「音楽・映画鑑賞会」も開催していました。

昔の映画を観て流行歌を聞くと、高齢者は笑顔になり、涙を流すこともあります。高齢者にとって唯一の娯楽がテレビなのに、今のテレビを見ていても分からないし、面白くないのです。しかし昔の映画を見て流行歌を聞くと、見違えるように笑顔になり、「笑い、涙する」のです。私は、それを見て「幸せ」な気持ちになっていました。「心を動かす」ことの大切さを痛感したのです。

ちなみに私の「高齢者学級」での講義も、「心を動かす」ために始めたものです。昔の映画や音楽で昔を思い出せば、脳の中で記憶を司る「海馬」を活性化することになります。また笑顔や涙は感情を刺激することで「偏桃体」の機能を高めます。そこに私は観た映画や聞いた流行歌の時代背景を説明し、自分の人生を振り返ると同時に現在の日本社会のあり方も考えてもらうことで、知性・理性による「前頭前野」の活性化を促します。

このように脳の機能が活発化すると、「心が動く」ことで「身体」も「口」も動くようになります。「身体」と「口」「心」は深く繋がっており、三つを連携させることが「健康長寿」をもたらすのです。「高齢者学習」も「心を動かす」だけでなく、「身体」や「口」を動かすことに繋がらなければ意味がありません。「運動」も「食事」も「学習＝考える（頭を使う）」と結びつけて行うべきです。

ところが現在、全国各地で開催されている「高齢者学級」での学習内容を見ると、「趣味」

「教養」の講座が中心であり、「高齢者の生き方」に焦点を当てた講座は少ないようです。そこで私は、**表1**のような「高齢者自立宣言」を作り、「高齢者学級」の出席者に配り読み上げることにしています。同宣言は最近の国際的な「高齢者研究」である「ジェロントロジー」で明らかにされていることを踏まえたものとなっています。

この宣言の特徴は、「高齢期」を「衰えて死に向かうだけの期間」と捉えることを拒否し、「高齢期」を「人生最高のとき」としている点にあります。しかし高齢者の多くは「高齢期」を「人生最高のとき」と思っていないはずです。それは私も同じであり、むしろ「最低のとき」と思うことが多いのが現実です。だから「宣言」での「人生最高のとき」とは、私も含む高齢者に言い聞かせる「目標」「夢」となっています。

この「人生最高のとき」という言葉は、近代科学の中で最初に「高齢期」を肯定的に捉えた心理学者のカール・ユング（1875年～1961年）の主張からヒントを得たものです。彼は人生を「午前」と「午後」に分け、「午前」は「家族や社会のため」、「午後」は「自分のやりたいことに専念」としており、「午後」を「自分の人生の本当の主人公になる」「成長と自己実現の始まり」としていたからです。

このユングの提起を受けて発展させたのが発達心理学のエリック・エリクソン（1902年～1994年）です。彼は「高齢期」の「心理的課題」として「自我の統合」を提起し、「心

㊀私たち高齢者は、「高齢期」を仕事や育児などの責任から解放された「人生最高のとき」と考えており、「高齢期」を「衰えて死に向かうだけの期間」、高齢者を「憐れみや同情の対象」とすることを拒否します。

㊀私たち高齢者の多くは、「元気に自立した暮らし」をしており、次の世代の負担を軽くするためにも、最後まで「元気に明るく生き抜き」、家族や社会に「役立つ」ことに努めます。

㊀私たち高齢者は若い人たちの「未来の姿」であり、私たちが「不幸になる」ことは若い人たちの「未来を暗くする」ので、若い人たちの「明るい未来」のために、「楽しく幸せに暮らす」ことを誓います。

表１　「高齢者自立宣言」「老いの価値」の復活を目指して

のそこから沸き上がる興味に専念」することで、「高齢期」は「衰えと同時に成長の好機」でもあるとしています。そして「高齢者」は「人生の振り返りと評価」「経験の統合と全体的考察」により「英知」を獲得しうるが、失敗すれば「絶望」に陥るとも述べています。

このような心理学における主張は、近代の科学における他分野の「高齢者研究」と比較して異質なものでした。なぜなら多くの分野で研究されていたのは、「高齢期」における「老化による心身の機能低下」や「死」の解明が中心であったからです。それは高齢者「高齢期」に対する否定的な評価に繋がり、高齢者の「生きる意欲」の喚起に繋がりません。この点で「心理学」における研究は異質だったのです。

これに対して「高齢者研究」としての「ジェロントロジー」の新たな展開は、ユングやエリクソンなどの主張を発展させたものとなっています。だから「高齢者自立宣言」では、ユングやエリクソンの主張と「ジェロントロジー」による研究成果を一体化させたものになっています。「家族や社会に役立つ」ことに努めるのも、「仕事や育児の責任から解放された」から「自発的な意思」で行うことができるのです。

だから「家族や社会に役立つ」ことと、「仕事や育児などの責任から解放された期間」という「高齢期」の認識は矛盾するものではありません。「役立つ」ことが高齢者の自発的意思によるものになれば、それは「責任」とは言えなくなるからです。「自発性」と「社会貢献」は両立するものであり、「強要されない社会貢献」こそ目指すべきものです。そのことはユングやエリクソンの主張や「ジェロントロジー」の研究成果とも一致します。

さらに「宣言」では、高齢者を「憐れみや同情の対象とする」ことも拒否していますが、「拒否」という強い言葉を使ったのは「憐れみ・同情」だけでは「生きる力」にはならないからです。それは「福祉」や「介護」の現状が対象者の「自立」「生きがい」の創出に繋がっていないことへの、私の不信感を示すものとなっています。「憐れみ」や「同情」だけでは高齢者の「自立」「生きる意欲の喚起」とはならないからです。

また高齢者の多くが「元気に自立している」「明るく生きている」ことが「社会に役立つ」ことに繋がります。私たち高齢者は「若者の未来」であり、私たちが不幸になれば「若者の未来」も暗くなります。これらのことは世代間の連携の必要性を示すものであり、いずれも「ジェロントロジー＝高齢者研究」で提起されていることを踏まえたものになっています。そして、それは「老いの価値の復活」を目指すものにもなります。

「老年学＝ジェロントロジー」が明らかにしたもの

ここで「老年学＝ジェロントロジー（Gerontology）」について説明しておきます。言葉としてはギリシャ語で「老人」を意味する「ジェロン（Geron）」に「学」である「トロジー（tology）」をつけた造語となります。1903年に免疫学者のメチニコフが命名したものであり、「加齢（aging）＝年をとること）」を対象とした学際的・総合的な「高齢者研究」となります。ちなみに日本では「加齢学」「高齢学」等とも呼ばれています。

この「ジェロントロジー」は、国連が各国政府に研究と教育の推進を勧告するほど世界的に高く評価されているものであり、現在、アメリカが中心となっています。その理由は、高齢者に関する研究が盛んであるというだけでなく、高齢者に対する差別を「エイジズム（agism）＝年齢差別」と呼び、それへの反対運動がアメリカで活発に展開されたことにも起因しています。

そこで提起されたのが「新しい高齢者像」ですが、高齢者全体を分析の対象にすることで明らかにされたものです。それによると「多くの高齢者は元気で自立した生活を営んでおり、社会に貢献する存在である」として、それまでの否定的な高齢者像が明確に否定されています。日本では「活力ある高齢者像」として紹介されていますが、アメリカでは「新しい高齢者の生き方」としても提起されています。

それが「プロダクティブ・エイジング（Productive Aging）」「サクセスフル・エイジング（Successful Aging）」等になりますが、高齢者による「年齢差別＝エイジズム」反対の社会運動と深く繋がっています。実際、アメリカでは「年齢差別」は「人種差別」「女性差別」と同じように見なされ、活発な反対運動によって企業における「定年制」が法的に禁止されるという成果を挙げています。

「定年制の廃止・禁止」はヨーロッパにも広がりますが、日本では「定年延長」に留まり、法的に禁止されるには至っていません。それは日本での「年齢差別」への反対運動が十分に展開されず、言葉としてさえ知られていないためです。これは「人種差別」「女性差別」の反対運動と比較しても明らかであり、「年齢差別＝エイジズム」という言葉すら知られていません。

私自身も「年齢差別＝エイジズム」を知ったのは最近であり、アメリカで高齢者を主体とする「エイジズム」への批判、反対運動が展開されていたことを知り、驚きました。現在の日本では「ジェロントロジー」について知られ始めた段階であり、「エイジズム」という言葉については「知らない」「聞いたことがない」のが大半です。その結果、「エイジズム」批判を欠落させた「ジェロントロジー」が広まり、懸念される問題になります。

ちなみに「年齢差別＝エイジズム」とは１９６８年にアメリカの老年医学者ロバート・バトラーによって提唱されたものであり、「年齢を理由にした偏見や差別のこと」を意味します。それは世界的にも支持が広がっており、アメリカでは１９６７年に「雇用における年齢差別法」が制定され、ＥＵでも２００６年末にすべての加盟国で年齢差別を禁止する法律が制定されている状況になっています。また国連の総会では「エイジズムと闘う」という言葉が入った宣言も採択されています。

これに対して日本では高齢者への「差別」よりは「優遇」という認識が根強く、それが「嫌老」の広がりを許しています。その結果、成田氏の発言はアメリカでは許容されないのに、日本では単なる比喩として問題にされないのです。一方、それは日本における「年齢差別」への批判、反対の遅れを世界に知らせることになっており、それによって「嫌老」という社会的風潮の広がりが抑制されることを期待しています。

ですが私が最も懸念しているのは、高齢者に「年齢差別」の意味を説明しても多くの高齢者は「仕方ない」と諦めていることです。実際、「年齢差別」反対を強調すると高齢者の利益を排他的に追求する主張と誤解されてしまいます。だから私は先に「どう生きるか」を考えてもらい、そこから「社会貢献」の要求と共に、「年齢差別＝エイジズム」に対する評価も行っていただきたいと考えています。

次に高齢者が「どう生きるか」を考える際に役立つと思われる「ジェロントロジー」の研究成果をいくつか紹介しておきます。まず、第一は高齢者の全体像の解明であり、それが**図4**の「高齢者の生活機能（老化度）の分布モデル」となります。同モデルによれば「障害」の高齢者は全体の5％に過ぎず、「虚弱」の15％を合わせても健康ではない高齢者は20％にとどまっており、残りの8割は元気で自立した生活を送っています。

これまでの「高齢者像」は5％の「障害」、15％の「虚弱」に焦点を当てて作られたものであり、そこから「社会的支援が必要な存在」「社会に迷惑をかけている」というネガティブな「高齢者像」が広がっていたのです。しかし、現実を調べてみると8割の高齢者は元気で自立した生活を送っており、社会に貢献できる、家族や社会に必要とされる存在になれるのです。これを明らかにしたのが「ジェロントロジー」なのです。

次に紹介するのが、年齢を重ねるに従って進行する「心身の機能の低下＝健康度」に関する研究の成果です。これまで「健康度」は「年齢を重ねるにしたがって低下する」とされていたのが、実際は「死が近づく直前になって急速に進行する」と見なされるようになっています。それが**図5**の「老化モデル」であり、これまでの「右下がりの直線」が新しい「老化モデル」では「死」の直前で低下する「直角」に変えられています。

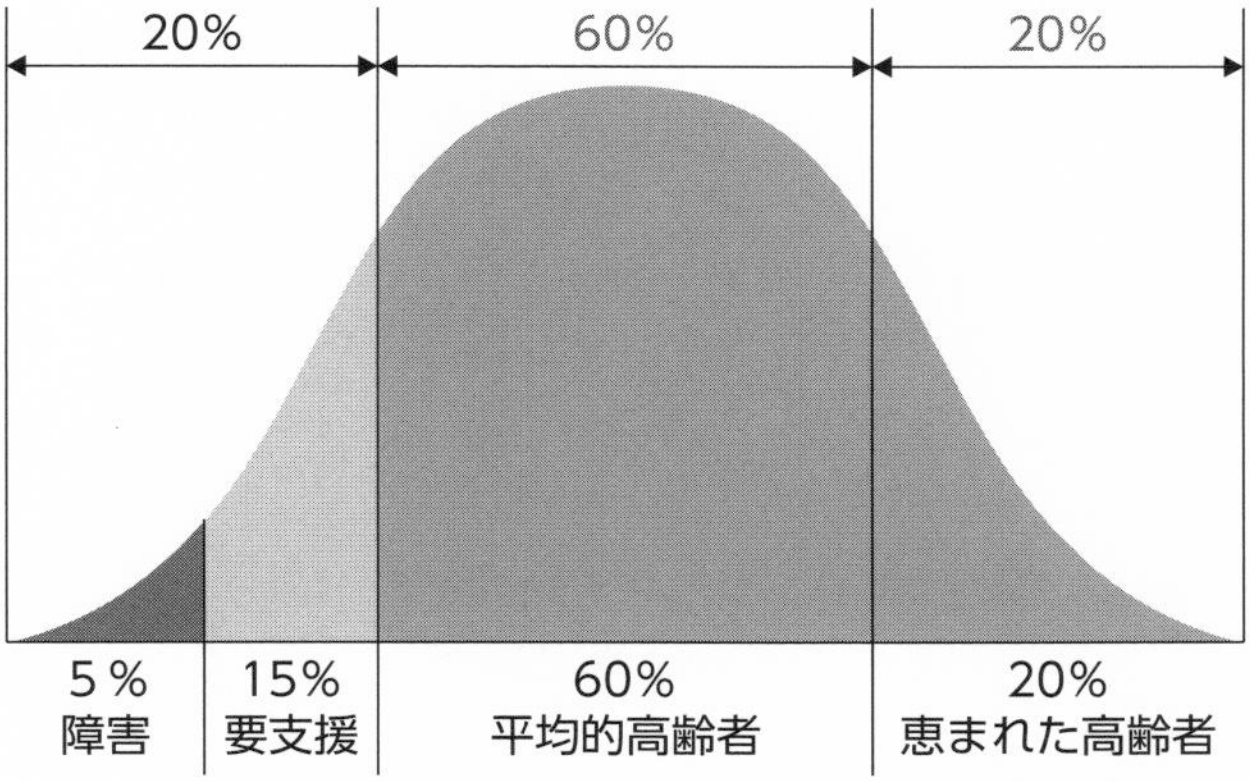

出所：柴田博「こくほ随想」社会保険出版社

図4　高齢者の生活機能（老化度）の分布モデル

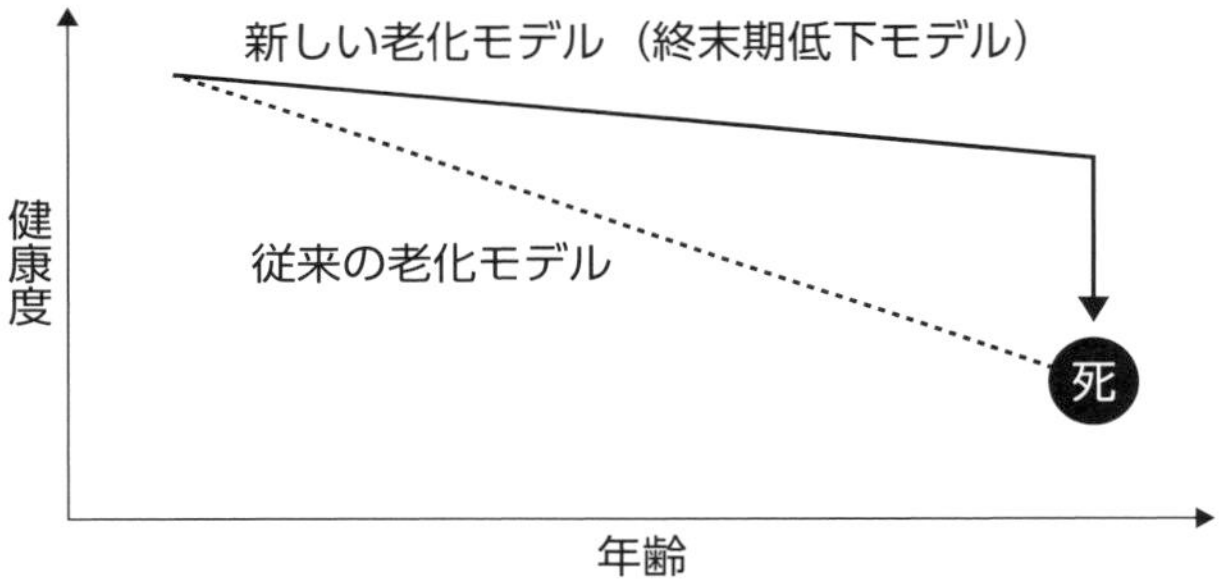

老化モデル（柴田、1999）

出所：「発達心理学24回老年期（Ⅰ）」山口先生の心理学教室ライブドアブログ

図５　新しい老化モデル（終末期低下モデル）

ここでの「健康度」とは年齢による変化の平均であり、個々の高齢者の「健康度」はマラソンのゴールと同じように大きく異なるのが普通です。ちなみに「健康」とは「病気があるかどうかでなく、日常の生活が普通に営まれているか」が基準となります。人間であれば高齢になると病気の一つや二つを抱えており、ここでは「日常生活に支障をきたさない」程度であれば「健康」と判定されています。

図6は「認知能力の年齢による変化」を表したものであり、「短期記憶能力」は加齢によって低下するものの、「言語（語彙）能力」や「日常問題解決能力」は緩やかに向上していることが示されています。つまり「認知能力」は、加齢によって低下する場合もあれば、逆に向上する場合もあるのです。だから「物忘れ」が酷くなっても、「言語能力」や「日常問題解決能力」を使えば「元気に生きる」ことは可能なのです。

図7は、人間の知能を「動作や刺激に対する俊敏な反応」としての「動作的知能（流動知能）」と、「言葉を使って物事を判断したり、考えて結論づける」という「言語性知能（結晶知能）」に分けて調査した研究の結果を示すものです。それによれば「流動知能」は「青年期」以降低下するのに対して、「結晶知能」は「成人期」「老年期」になっても上昇していることが明らかにされています。

これは「高齢者学習」を推進する上で大きな力になりますし、高齢者への生活支援でも参考

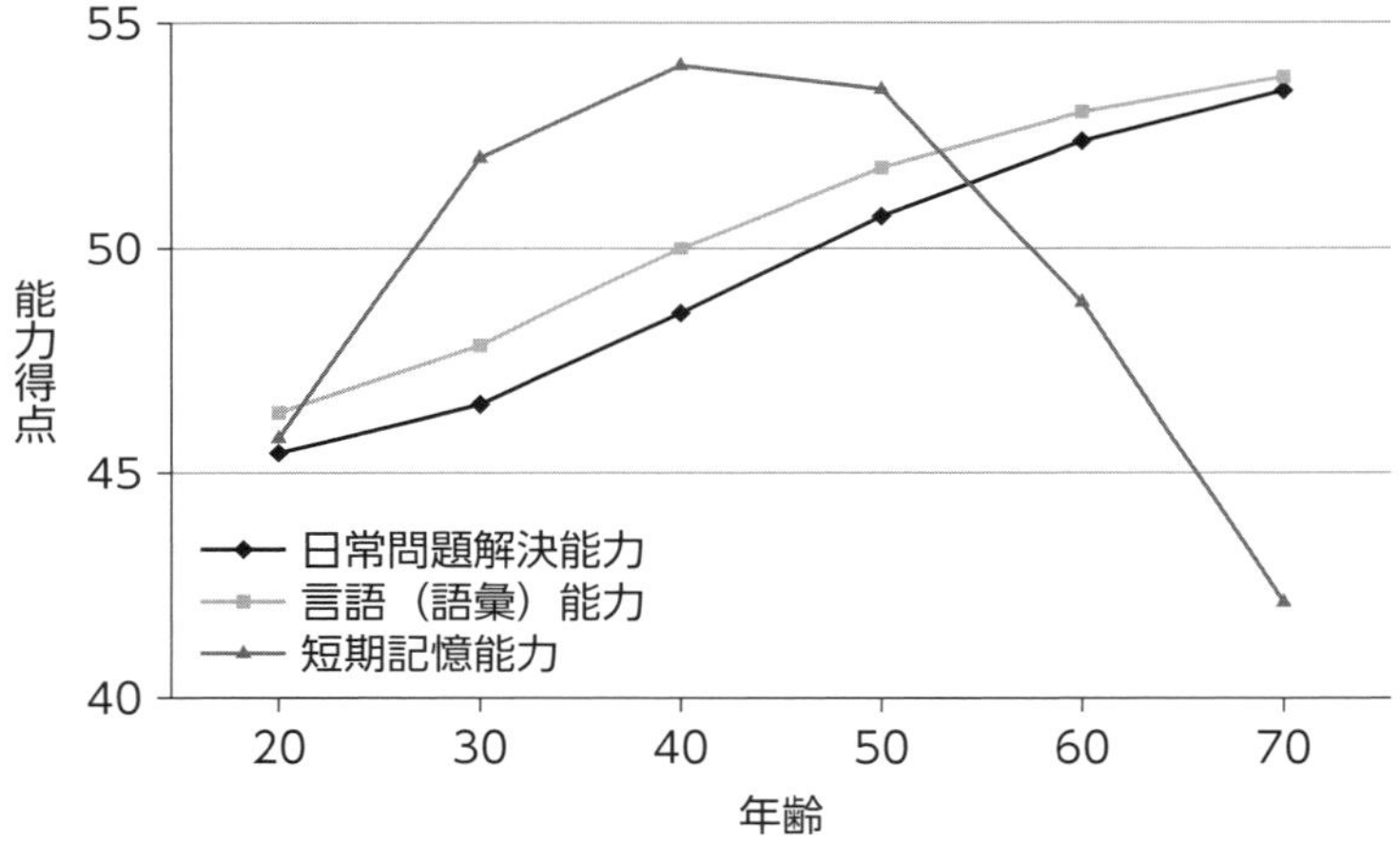

※Cornelius and Caspi（1987, p150）より
資料：秋山弘子（東京大学名誉教授）提供資料（総務省「ICT 超高齢社会構想会議」（2012年12月7日）より）
出所：「年を重ねると脳は衰えるだけなのか？」ニッセイ基礎研究所、前田展弘

図６　認知能力の年齢による変化

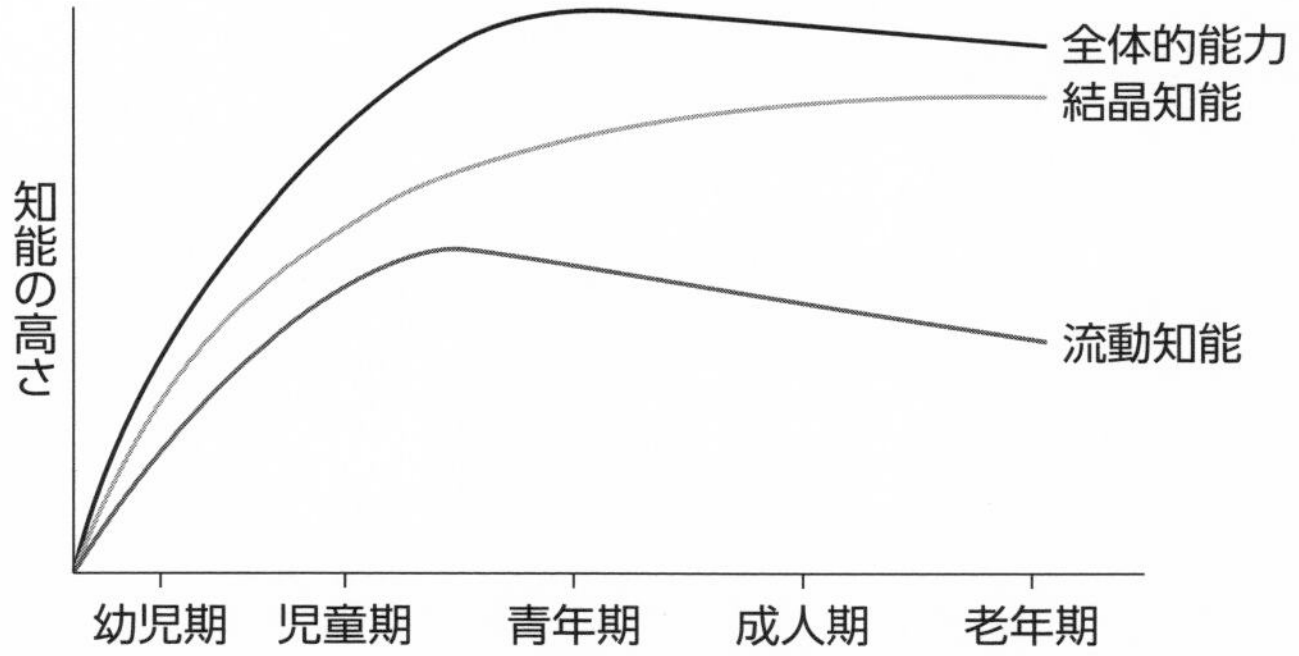

出所：老いは力なり―シニア世代のための「結晶知能」革命、けあサポ、佐藤眞一

図７　流動知能と結晶知能の生涯発達

にすべきです。先の「認知機能」の調査研究で明らかなように、高齢者にとって「記憶力」や「動作的知能」の低下は避けられなくても、「生きる」ためには「言語性知能（言語能力）」を使って「日常生活で発生する問題を解決する」ことは十分に可能であり、高齢者は自信を持って「学習」し、「元気に生きる」べきです。

これらは「ジェロントロジー」によって提起された「新しい高齢者像」の根拠となるものであり、世界の常識となっています。それが「高齢者自立宣言」の中で「私たち高齢者の多くは元気で自立した生活を送っている」という文言となり、「高齢期を衰えて死にむかうだけの期間」「高齢者を憐れみと同情の対象とする」ことへの「拒否」となっているのです。それはまた「未来の高齢者」である若者への明るいメッセージとなります。

2

人間の「進化」と「高齢者」の役割

人間の一生の「区分」と「高齢者」の役割「おばあさん仮説」から学ぶこと

人間の一生は、「誕生」から「死」まで三つに区分されます。誕生した「子ども」が「大人」になるまでが「成長期」であり、「できなかったことができるようになる」という「能力の形成」が特徴となります。これに対して「大人」になって「子ども」を育てるのが「生殖期」となり、「形成された能力を発揮して仕事と子育てに励む」期間となります。そして「高齢期」は、「生殖期」を終えて「死」までの期間となります。

それを示したのが図8となりますが、これは年齢によって明確に区分されるものではありません。ただ「成長期」は「能力の形成」が特徴の「上り坂」であり、「高齢期」は「できていたことができなくなる」という点で「能力の低下」が顕著になる「下り坂」とも揶揄されています。ですが既に述べたように「高齢期」にすべての能力が衰退する訳ではなく、「高齢期」だからこそ身に付く能力もあり、それを発揮することが重要になります。

一方、「高齢期」が人生の最終段階として「死」に向かって降りていく「下り坂」であることも確かです。そこでは「死の接近」「老化の進行」「喪失の拡大↓社会的な期待や役割・責任

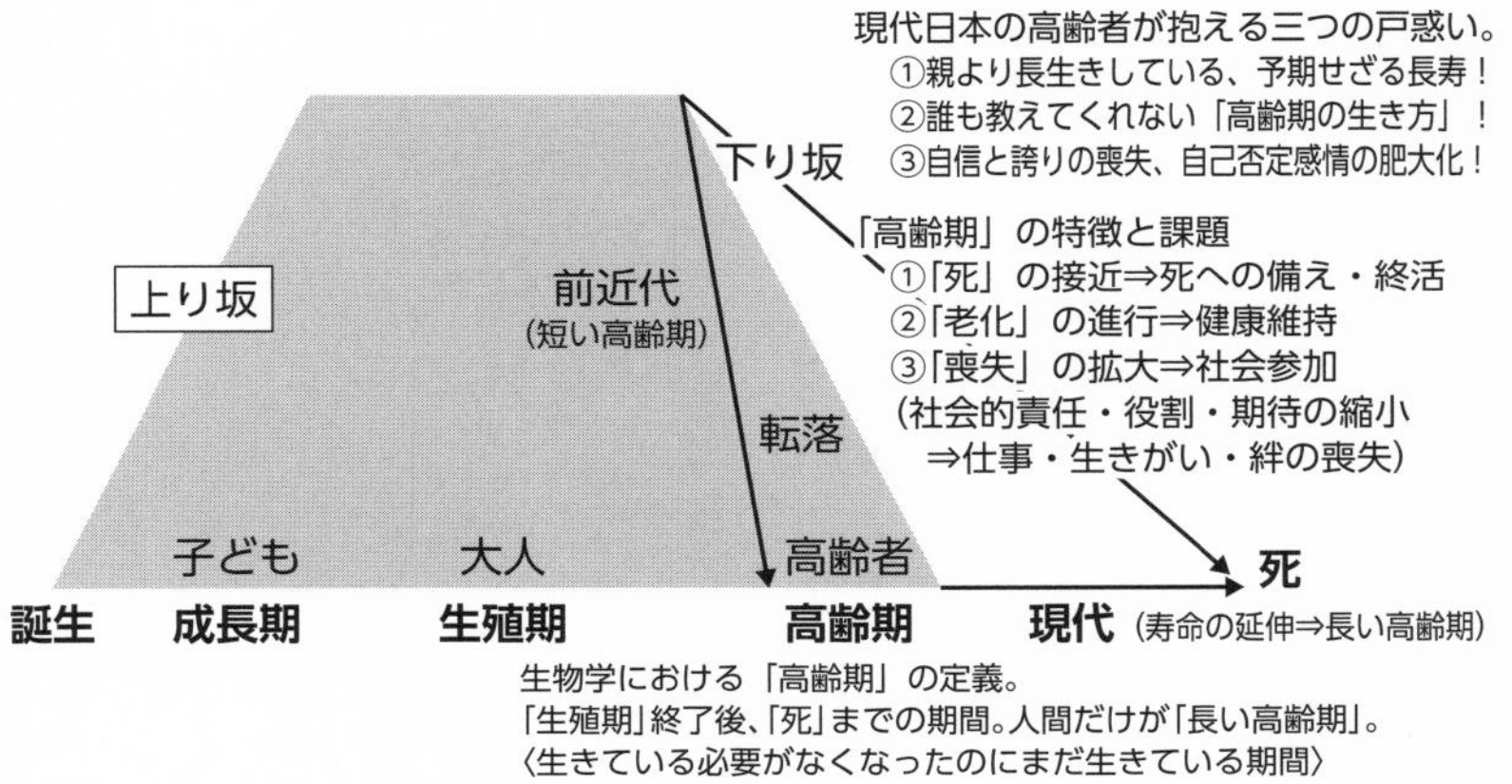

図８　人間の一生の区分と「高齢期」の特徴・課題

の縮小」が特徴となります。それと共に「高齢期」が人間に特有なものであり、その期間が延びているのも大きな特徴となります。つまり「下り坂」を「転げ落ちる」のではなく、「寿命の延伸」によって「緩やかに降りていく」のが特徴となります。

この「高齢期の長期化」によって課題となってくるのが「長い高齢期を、どう生きるか」です。さらに「高齢期」の存在意義も問題となります。なぜなら「高齢期」が存在するのは人間だけであり、多くの「生き物」には高齢期がない、あったとしても極めて「短期」なのです。にもかかわらず多くの「生きもの」は「種」として「存続」し続けています。「死の前段階」としての「高齢期」が存在するのは、人間だけなのです。

そもそも「種」としての「存続」は「個」としての「生」と「死」の繰り返しによって行われているのであり、「遺伝子」が引き継がれれば「個」の「生」の中に「高齢期」があるかどうかは関係ないのです。なぜなら「遺伝子」にとって「個」は単なる「乗りもの」に過ぎず、自動車のように古くなれば新車に乗り換えれば良いのです。古くなった車に乗り続ける必要はないのです。

「遺伝子の継承」は「成長期」と「生殖期」だけで完結します。「老い」によって苦しみ、家族や社会に迷惑扱いをされるのであれば、他の「生き物」と同じように「生殖期」を終えた時点ですぐに「死ねば良い」のです。生物学者の小林武彦氏も、「死」は「すべての生物に共通した絶対的なもの」ですが、「死に向かう過程で長い時間をかけて徐々に老いていくというのは、ヒト特有の現象のようです」と述べています。

「一般的にヒト以外の生物の老化期間は、短いか、ほとんどありません。つまり老化と死がほぼ同時に訪れる」。「野生の生物に老化はそもそもない」のであり、それは「動きが悪くなるとすぐに『食べられて』死んでしまう」からです。そして「ヒトに特有の『老い』にも生物学的な意味がある」として「ヒトだけが持つ長い老後の意味」を、小林氏は次のように説明しています。

それは人間が「社会性の生き物で、集団のなかで進化してきた」からであり、「分業が進み、経験とスキル、そして集団をまとめる力を持った年長者は貴重な存在」になった。その結果「長寿で元気なヒトがいる集団が『強い集団』となり選択され、現在のヒトの長寿化につながっていった」としています。こうして「人にとって老いは必要なもの」になり、「『老い』のおかげで人類の寿命が延び、今の文明社会が築かれた」と主張しています。

つまり人間が「集団」をつくり、それを「年長者」がまとめることで「強い集団」となり、それによって他の生物を圧倒するような「進化」を遂げたというのです（小林武彦『なぜヒトだけが老いるのか』講談社現代新書、２０２３年6月発行）。つまり「種」としての「存続」＝「遺伝子の継承」だけでは「高齢期」は必要ないが、そこに「進化」を含めると「高齢期」

は必要になるのです。

この点で参考になるのが、小林氏も紹介している「おばあさん仮説」です。それは人間の女性だけが子どもを産めなくなった後も、数十年も生き続けていることの理由として提起されているものであり、それは「子どもや孫・親しい人の子育てを手伝うために、長く生きている」という説になります。その根拠の一つは、「人間の女性は、他の動物のメスと比較して難産になりやすい」ことにあります。

「直立二足歩行」をするようになると、女性の場合、「子宮」が下向きになります。すると「妊娠」すれば「胎児」が落ちる危険性が出てきます。そこで女性には、男性にはない「骨盤」が形成され、そこで「胎児」を支えます。しかし、それが「難産」の一因となります。「妊娠」期間が長いのも人間の特徴であり、「子ども」は他の動物と比較して脳が大きく、それも難産の一因とされています。

「未熟な状態で生まれる」のが人間の子どもの特徴であり、「子育て」のためにせねばならないことが、他の動物より多くなります。さらに大人になるまでの期間も長くなり、「難産」である上に「子育て」も長期で手間がかかるのが人間の特徴となっています。それは母親になってからの負担の過重を意味し、「種」としての人間の「存続」にとって不利な条件となります。

この問題を解決するためには、「出産」「育児」への「手助け」が必要であり、それに最も適しているのが「妊娠」「出産」「育児」を経験してきた女性となります。その結果、女性は高齢になっても「種」の「存続」に必要不可欠な存在となり、子どもを産めなくなった後にでも女性が何十年も生き続ける理由となります。それが「おばあさん仮説」の主張となります。

生物学の研究によれば、人間以外の動物のメスは死ぬまで「子ども」を産み続けるそうです。「子どもが産めなくなるとき」が「寿命の尽きるとき」となるのです。その結果、人間以外の動物のメスには「閉経」もその前の「更年期」も存在しません。その前に「死ぬ」からであり、人間以外の動物のメスには「高齢期」はないことになります。だから「閉経」「更年期」は人間の女性だけに見られるものなのです。

ところが「発情期」は、他の動物には「ある」のに人間には「ない」とされています。「発情期」とは「動物、特に哺乳類が交尾可能な生理状態にあり、交尾を求める行動を起こしている時期」です。メスの場合、その時期は「排卵」と一致し、サルのようにお尻を赤くするなどで、オスに知らせる行為をします。他方で動物のメスは、「発情期」でなければオスの求愛を受け入れません。「子育て」をしている時も、オスを近づけません。

ところが人間には、決まった「発情期」というものがありません。性的な機能が成熟していれば、いつでも交尾が可能であり、毎年でも「子どもを産む」ことは可能です。ではなぜ、「出産」も「育児」も大変な人間の女性に「発情期」がなくなり、いつでも「妊娠」「出産」が可能になったのでしょうか。ただ、人間にも以前は「発情期」があり、現在もなくなった訳でないという意見もあります。

人間の女性にも「排卵」があるからであり、それが「見えなくなり・隠されている」だけとも言われています。そして、「おばあさん仮説」で指摘されているように「高齢の女性」が「出産」「育児」を支援するようになったために、「子育て」支援による負担の軽減が「発情期」にも影響を及ぼしたのかもしれません。ともかく人間の「種」としての「存続」にとって、「共同養育」は大きく貢献したことは確かです。

ところで動物の中で、「自分の子どもを他人に委ねる」ことができるのは人間だけと言われています。昔は「難産」のために「出産」の際の出血で死ぬ女性も多くいたはずです。また「子育て」中に病気や事故で母親が亡くなることもあったはずです。しかし、その場合でも、誰かが「子育て」をしてくれていたのです。そして人間の特徴としての「助け合い・支え合い」は、「育児」以外の生活の様々な局面に広がっていたと考えられます。

人間の「進化」と「助け合い・支え合い」

「おばあさん仮説」は「高齢女性」の存在理由として提起されたものですが、「高齢男性」の存在も説明されるべきです。そこで「おじいさん仮説」を提起されているようですが、それは人間の特性としての「助け合い・支え合い」として語られるべきと考えています。すなわち他の生き物と比較して人間の特徴は「助け合い・支え合い」にあり、それが「進化」を加速化し、現在の人間の「存続」「繁栄」をもたらしたと言えるのです。

もちろん、他の動物にも「集団＝群れ」を形成し、「助け合い・支え合い」を行う事例も見られます。しかし人間の場合、「助け合い・支え合い」が生活の広範囲で行われ、それが「進化」にも大きな影響を及ぼしたと考えられます。そのためには人間がサルの先祖から分かれて独自な「進化」を遂げてきた過程の中で、「高齢期」高齢者の存在意義を考えていかねばなりません。

図9で示されているように、人間の「進化」の最初の段階は「初期猿人」であり、そこでの「直立二足歩行」がサルから分かれた人間の「進化」の始まりとされています。そして、これ

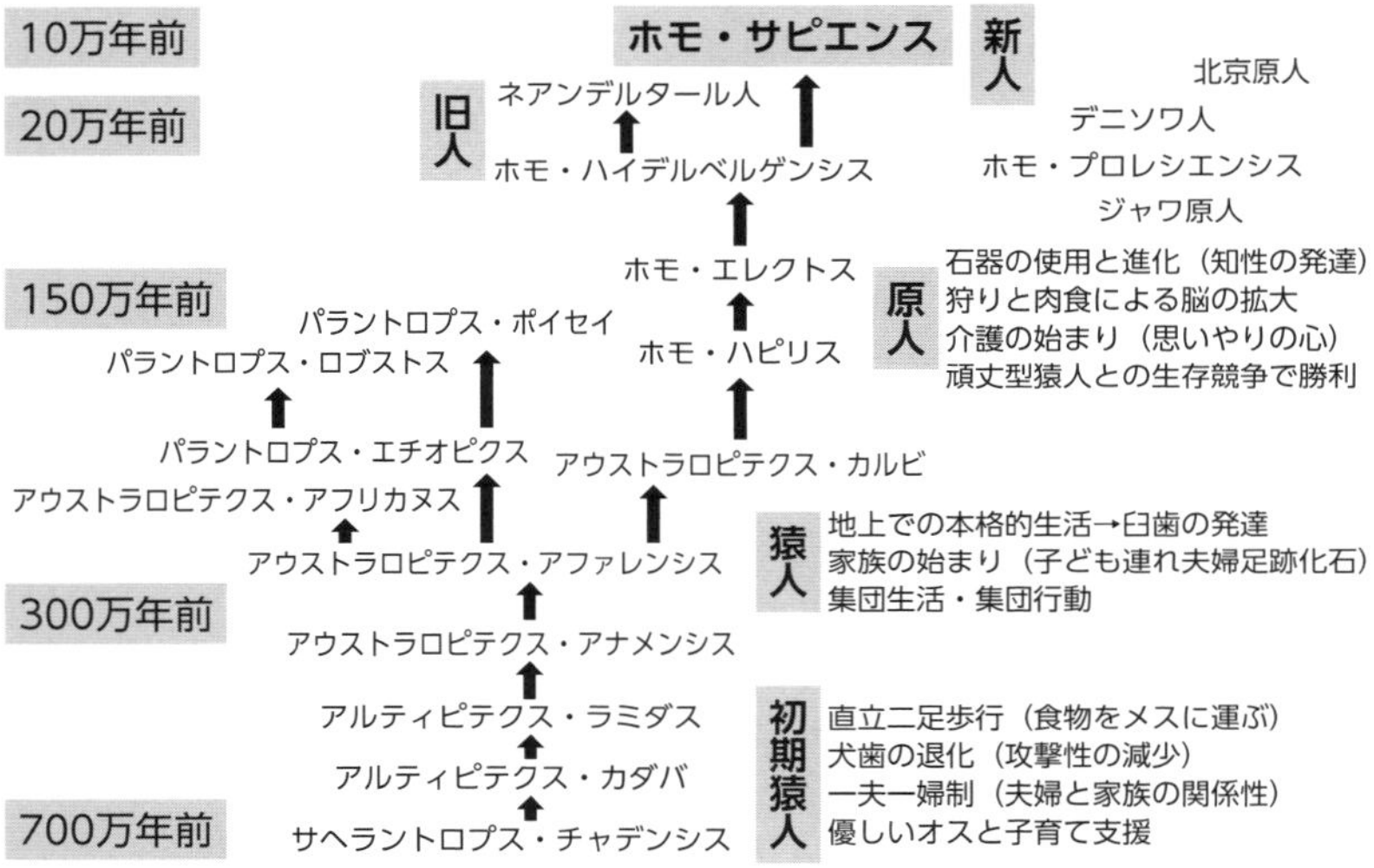
10万年前
20万年前
150万年前
300万年前
700万年前
ホモ・サピエンス
新人
北京原人
デニソワ人
ホモ・プロレシエンシス
ジャワ原人
旧人
ネアンデルタール人
ホモ・ハイデルベルゲンシス
ホモ・エレクトス
ホモ・ハビリス
原人
石器の使用と進化（知性の発達）
狩りと肉食による脳の拡大
介護の始まり（思いやりの心）
頑丈型猿人との生存競争で勝利
パラントロプス・ボイセイ
パラントロプス・ロブストス
パラントロプス・エチオピクス
アウストラロピテクス・アフリカヌス
アウストラロピテクス・カルピ
アウストラロピテクス・アファレンシス
猿人
地上での本格的生活→臼歯の発達
家族の始まり（子ども連れ夫婦足跡化石）
集団生活・集団行動
アウストラロピテクス・アナメンシス
アルティピテクス・ラミダス
アルティピテクス・カダバ
サヘラントロプス・チャデンシス
初期猿人
直立二足歩行（食物をメスに運ぶ）
犬歯の退化（攻撃性の減少）
一夫一婦制（夫婦と家族の関係性）
優しいオスと子育て支援

図９　人間の進化の過程

までの「進化論」の研究では「直立二足歩行の始まりは、森林が減少して、草原で暮らさざるを得なくなったため」とされていました。しかし最新の研究では、この「森林減少説」は否定されるようになっています。

「森林の中でも、二本足で歩いていたサルがいた」ことが明らかとなり、それが人間の先祖と思われているためです。そこで新たな説がいくつか提起されているのですが、その中で多数の支持を得ているのが「直立二足歩行で両手が自由に使えるようになり、それで食べ物を運んでいた」という説です。その根拠とされているのが、「直立二足歩行」と「犬歯の退化」の同時進行です。

「犬歯」とは「牙」のことであり、通常はメスをめぐるオス同士の争いで武器になっています。それが退化していったということは、メスをめぐるオス同士の争いが鎮静化していったことを意味します。そこから「直立二足歩行」は「食料を運ぶため」という推測がなされますが、その相手は女性だと思われます。「妊娠」「出産」「育児」に追われる女性を「助ける」ためと推測されています。

既に述べたように人間の女性は「直立二足歩行」をすることで「難産」になり、「育児」も大きな負担になるので、高齢の女性による支援が必要になります。その支援の内容には「食料の提供」があり、それが「両手で食べ物を運ぶ」ことに繋がっていきます。そこに高齢の女性だけでなく男性も参加したはずであり、「両手による食料の運搬」が「育児」だけでなく生活の全域に広がったと思われます。

男女の関係としては、男性が女性に「食べ物を届ける」ようになれば、それが男性と女性の継続的で安定的な関係の構築となります。他の動物では、メスをめぐるオス同士の激しい争いで勝利したオスがメスと交尾し、そのオスの遺伝子だけが継承されます。しかし人間の場合、女性は「喧嘩に勝つ強い男性」よりも「食料を届け、子育ても手伝ってくれる優しい男性」を選ぶようになり、その遺伝子が継承されていくことになります。

それはまた夫婦と子どもで形成された「一夫一婦制の家族」にも繋がっていきます。これに対してチンパンジーの場合、「乱婚」であるためにメスに子どもができても自分の子どもであるか分かりません。そのためにチンパンジーのオスは、遠くでメスや子どもを見ているだけであり、「子育て」を助ける行為はしないそうです。この点が人間とチンパンジーの大きな違いとされています。

この人間による「助け合い・支え合い」は、「育児」だけでなく「食糧の確保と分配」でもなされるようになります。そして複数の「家族」が集まって「集落」を形成すれば、「助け合い・支え合い」は「集落」でも行われ、それが大きくなると「社会」に発展していきます。その際、長く生きていることで豊富な経験や知識を持った高齢者がいれば、より強固な「助け合い・支え合い」が可能になります。

実際、**図9**で示されているように「初期猿人」の次の段階である「猿人」になると、「集団行動と集団生活」が一般化し、「二人の大人の足跡の間に子どもと思われる小さな足跡がある化石」が発見されたことで、それが「家族の始まり」とされています。さらに「原人」の段階になると、「石器の使用と進化」で「知性」が発達し、「狩りと肉食」で「脳」も拡大し、高齢者に対する「介護も始まった」とされています。

そのことは、この当時のものとみられる「臼歯がすり減った」人間の歯の化石が発見されたことによります。「これほど臼歯がすり減るると、固いものは食べれなくなっているはずだ。それが化石として残っていることは、そこまで生きていたことの証であり、誰かが柔らかい食べ物を運んでいた証拠である」と推測されたのです。それが「介護の始まり」とされているのです。

この後、人間は「原人」から「旧人」の段階へ移行し、さらに「新人」の段階になると「ホモサピエンス」の登場となります。この「ホモサピエンス」とはラテン語で「賢い人間」という意味があり、「ホモサピエンス」以外はすべて絶滅しています。したがって私たちも「ホモサピエンス」となるのですが、「初期猿人」の段階から始まった「助け合い・支え合い」が「ホモサピエンス」によって高度に完成されたと言えます。

近代以前の社会における「高齢期」の存在意義と「高齢者」の役割

しかし「助け合い・支え合い」だけでは、「高齢期」高齢者の存在意義の解明にはなりません。「進化」とは「生物が周囲の環境に適するために、内部の発達によって変化し、新しい生物になっていく」ものです。人間の場合、他の生物と比較して「進化」のスピードが速いのが特徴であり、人間だけに存在する「高齢期」が「進化」を加速化したことは確かだと思います。

実際、これまでの人間の歴史をたどってみれば「進化」と「高齢期の延伸」が同時進行で起きています。「長い高齢期」をもつ人間が「高齢期がない」他の生物を圧倒しているのです。ここからも「長い高齢期」こそが「種」としての人間の「存続」「繁栄」をもたらしたと言えます。この点で高齢者と子どもの関係は重要であり、高齢者の経験や知恵が子どもに伝わることで「進化」が加速化したと推測されます。

生物学者の小林武彦氏は、人間は「老いを感じて死を意識したら、少しずつでも世のため、次世代のためにという意識を持つ」ので、高齢者になると「自らの能力を次世代へ継承する」ことを望むようになるとしています。それは「老い」によって「利己から利他へ、私欲から公共の利益へと自身の価値観をシフトさせていく」からであり、それによって高齢者は「種」の存続と繁栄に必要不可欠になっていきます。

私も小林氏の意見に賛成ですが、それだけでは今日の日本社会における「嫌老」という社会意識の広がりを説明できません。それは人間の「集団」が大きくなって「社会」を形成すると、「貧富の格差」が拡大し、人々は「支配する階級」と「支配される階級」に分断されるからです。その結果、「経験や知識、まとめる力」がある高齢者であっても、属する階級によって分かれ、「利他」「公共の利益」で行動するとは限らなくなります。

この点で私は「社会」を「近代以前」と「近代以降」に分けて考察すべきと思います。近代以前の社会では「家族」が基本単位であり、それが集まって暮らす「地域」が「政治」でも基本単位とされてきました。そして「農業」が基幹産業であり、「家族」の多くは農村で暮らし、「農業」を「家業」としていました。つまり「家族」とは「経済＝生産」の基本組織であり、「地域」も農業生産で必要不可欠な基盤整備を担っていました。

そこでの「家族」とは「家父長制の大家族」であり、高齢の男性が「家長」として「家族構成員」に様々な命令や指示を出していました。さらに「家長」は「家族」を代表して「政治」へも参加し、「政治権力」とも深く繋がっていました。そこで高齢者の経験や知恵が生かされていたことは確かであり、「家族」の中で「子ども」に引き継がれていったはずです。

私は「人間の進化と高齢期の関係」を図10のようにまとめてみました。まず「遺伝子の継承」は「生殖期」と「成長期」だけで完了します。それは誕生した子どもの成長は、親である大人の育児で可能になるからであり、「成長期」と「生殖期」は重なっていることになります。すると「生殖期」を終えた後の「高齢期」は必要でなくなり、それは「生きている必要がなくなったのに、まだ生きている期間」となります。

だから人間以外の生き物の多くに「高齢期」が存在しないのも当然ということになります。さらに「生きている必要がなくなった」ことは、人間の「進化」を妨害する存在になるはずです。その意味では「嫌老」という社会的風潮は人間以外の生き物の視点に立つものであり、「進化」のために高齢者を排除する主張であるとも言えます。

しかし、これは「遺伝子の継承」だけで考えたものです。ここで近代以前の社会の基本組織である「大家族」を想定すると、「高齢期」と「成長期」「生殖期」の関係は図11のようになります。そこでは「家族」は「家業」として農業を営んでおり、三つの世代が同居すると同時に共に「働く」関係になります。「高齢者」の経験と知識が「子ども」や「孫」に伝えられ、高齢の男性が「家長」として「家族構成員」を支配しています。

そして「家長」は家族を代表して「地域社会」へ参加し、「政治権力」の「地域支配」の末端の役割も果たします。「家業」を継ぐのは男子に限られ、家族の外から女性を「嫁」として

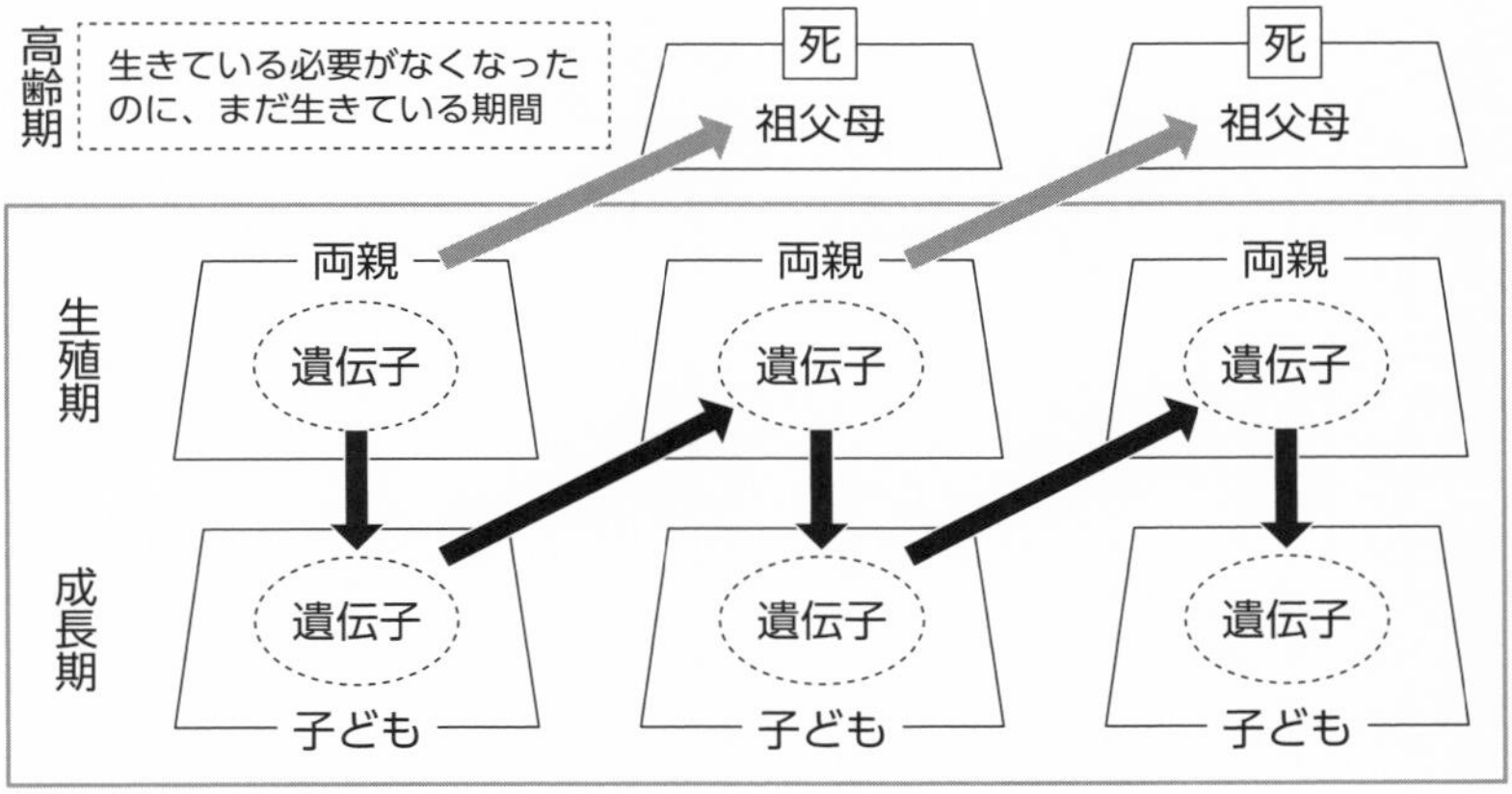

図10 「遺伝子」の継承における「成長期」「生殖期」「高齢期」

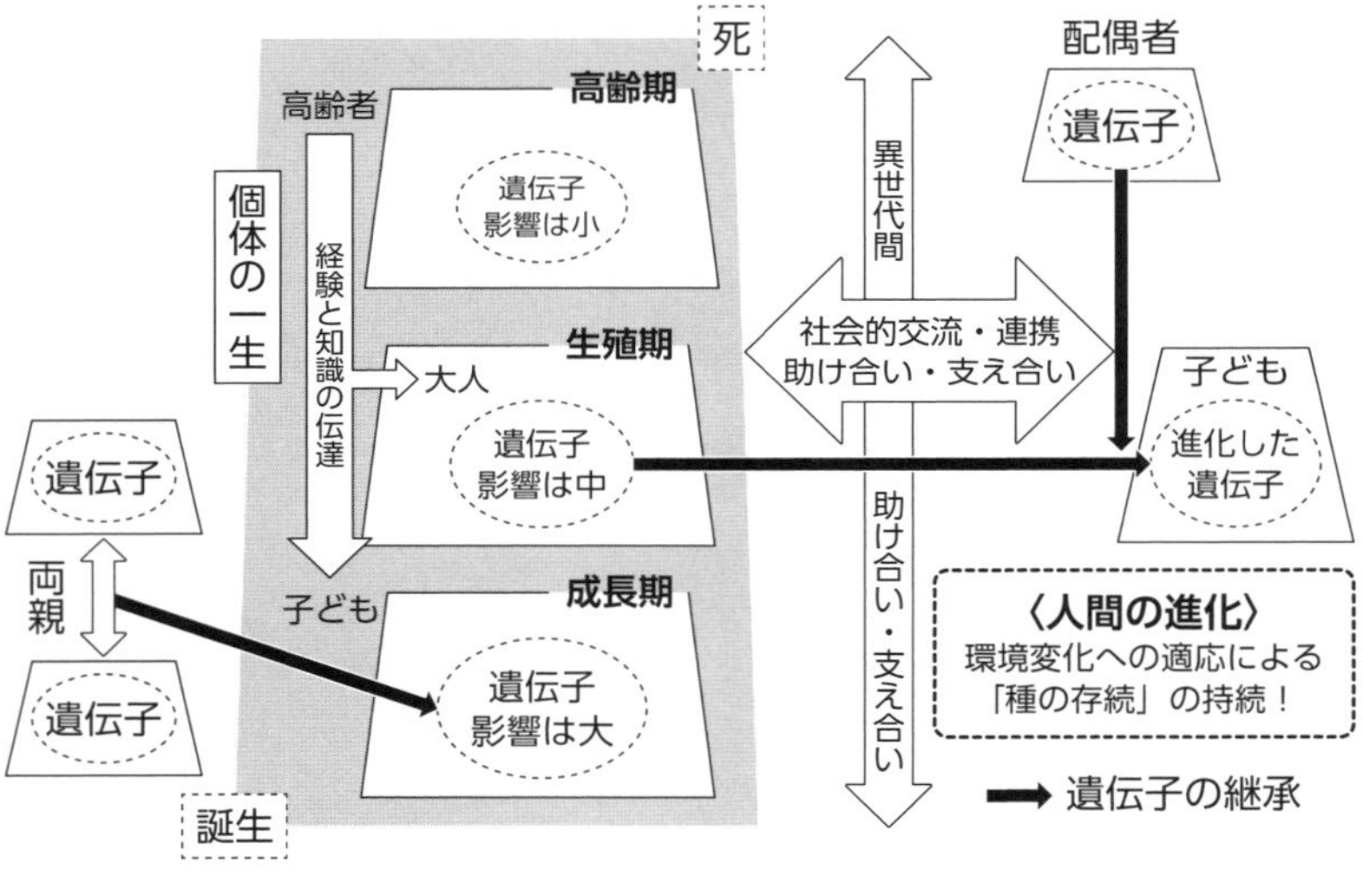

図11　「遺伝子」の継承と「進化」における「高齢期」の役割

迎えます。「家長」にならない男性もいますが、「家業」に習熟しているのは高齢の男性であり、その経験と知識は「家族内」で引き継がれていきます。それが「家族」内での「三世代の交流・連携」であり、その中心であり、まとめ役が高齢者となります。

高齢者は経験と記憶に基づいて「昔のこと」「今までやってきたこと」を子どもや孫に伝えます。それは自分が若い頃に工夫・改善したものであり、長い年月をかけて仕上げたものです。しかし子どもや孫は自分なりに「新しいことに挑戦したい」「昔にとらわれたくない」という意識を強く持っており、自分なりの「工夫」「改善」「創造」することで「新しいもの」を作り出すことに挑戦していきます。

近代社会における「高齢者」の役割・存在意義の低下

「進化」とは、このように異なる世代による「工夫」「改善」「創造」の繰り返しでゆっくりと進んだものと思われます。そこで高齢者が大きな役割を果たしていたことは確かであり、高齢者の存在が人間の「進化」を早めたと言えます。つまり人間だけに見られる「高齢期」とは「進化」のために形成されたものであり、「嫌老」は人間の「進化」を遅らせる主張ということになります。

しかし、それは近代以前の社会で展開されたものです。近代になると「社会」の仕組みが大きく変わり、高齢者の社会的な存在・役割も大きく変わっていきます。特に農業から工業へ産業の中心が移行すると、経済活動の主体が「企業」に変わります。「家族」の多くは「生産」の組織でなくなり、「消費」だけの組織になってしまいます。親と子どもが同じ仕事をすることも少なくなっていきます。

図12のように近代になると「仕事」は「企業」に雇用されることで行われ、そこで得た賃金で「家族」の生活を支えます。そして「企業」で働くのは男性であり、女性は家事・育児に専念するという「性的役割分業」が一般的になります。そして都市を中心に親と子どもだけの「核家族」が多くなり、三世代同居は減少していきます。高齢者の多くは、子どもの家族とは別な場所で暮らし、日常的な三世代間の交流はなくなっていきます。

「家族」は単なる「消費＝生活」の組織になり、親子は異なる仕事につきます。「仕事」で培われた経験や知識は「企業」内に蓄積され伝承され、そこに退職した高齢者は関与しません。「子ども」が成人となって「企業」に就職しても、「親」と「子ども」の仕事は異なるので「能力の継承」はされません。「子ども」が結婚をして「家族」を持てば、離れて暮らす両親とは「家族内」ではなく「家族間」の関係に変質します。

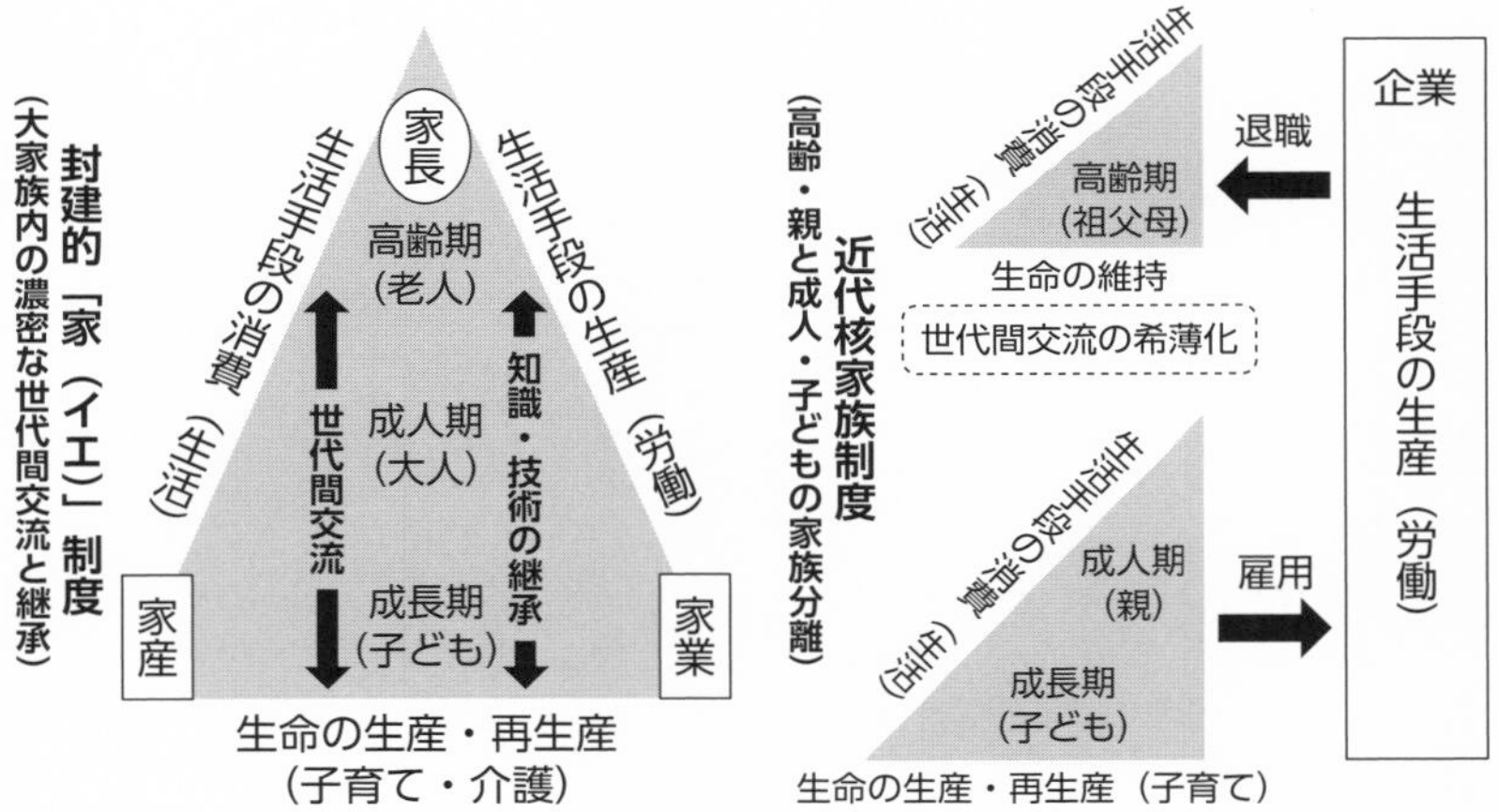

図12　前近代の高齢者能力活用社会システムと近代における解体・弱体化

前近代の社会では「家族」が「経済」だけでなく「政治」の基本組織とされていましたが、近代になると「経済」「政治」は「個人」を基本単位とする社会に変わります。「政治」も「個人」の選挙に基づく「民主主義」に変わり、高齢者が「家族」の代表として「政治」にかかわることはできなくなります。やがて「福祉国家」が登場すると、「家族」内で行われていた「介護」も公的なサービスに委ねられるようになります。

そして近代社会での科学技術の発展によって、高齢者の個人的な経験や知識は無用なものとして破棄、排除されることになります。「家族」の変質は「地域」の人間関係にも影響し、近隣住民相互の「助け合い、支え合い」の関係も希薄化します。そして高齢者は「経営者」「政治家」にならない限り、「有権者」「納税者」あるいは「消費者」としてのみ「政治」と「経済」にかかわるだけの存在となります。

日本では１９６６年に国民の祝日として「敬老の日」が制定されています。その始まりは１９４７年に兵庫県多可郡野間谷村（現在の多可町八千代地区）で開催された「敬老会」であるとされています。それは野間谷村の村長であった故・門脇政夫氏が「老人を大切にし、年寄りの知恵を借りて村作りをしよう」という趣旨から開いたものです。これは全国に広がり、１９６３年の「老人福祉法」での「老人の日」の制定となり、その後、国民の祝日になります。

この過程の中で注目されるのが「年寄りの知恵を借りて村作りをしよう」という理念がなく

なり、「多年にわたり社会につくしてきた老人を敬愛し、長寿を祝う」ことに趣旨が絞られたことです。つまり高齢者の「能力の社会的活用」ではなく、「感謝し、祝う」だけの「敬老」となったのです。これは「政治」と「経済」における高齢者の役割および地位の変化を反映したものであり、高齢者の社会的地位の低下は加速化します。

やがて高齢者は「福祉」の対象にされていきます。それは1963年の老人福祉法においてであり、社会福祉の長い歴史の中では最近のことです。実際、日本では貧困者対策としての「救貧政策」から始まり、次に労働者保護としての「社会保障制度」に発展します。そして「児童福祉」、次に「障害者福祉」となり、その後が「高齢者福祉」となります。つまり高齢者が「福祉」の対象になったのは最近ことなのです。

ここで人間社会の歴史における高齢者の地位の歴史的変遷を整理しておきます（**表2**）。まず「前近代社会」では高齢者の経験や知恵は社会に役立つことで「お宝」として信頼・尊敬されていました。しかし「近代社会」になると高齢者の経験や知恵は無用として排除され、その社会的地位や評価は低下します。そして「現代社会」になると高齢者は「福祉」の対象とされ、「弱者」とされていきます。

表3は日本における高齢者の社会的な位置付け・評価を整理しています。それによると戦前は「尊敬」の対象であった高齢者は、戦後になると戦争責任が問われ、「戦前回帰」への志向

～「お宝」から「邪魔者」「お荷物」へ～

①前近代…高齢者は社会の「お宝」＝「尊敬の対象・人財」
高齢者の「経験と知恵」が「社会の指針」「子どもの教育・人格形成」に貢献。

高齢者の能力活用の手法として、早期のリタイア＝「隠居」制度の存在。

「老いる」＝「神に近づく」「呪術力の獲得」。能力低下は「自然の営み」。

②近代…社会と家族制度の変化による高齢者の地位低下
「科学技術の発展・教育制度の普及」による高齢者の経験・知識の「排除」。

若者からの「長老支配による社会の進歩・発展・変革の妨害」批判の展開。

「若者賛美と高齢者嫌悪＝高齢者敵視の若者至上主義」の社会風潮。

日本では「封建的家制度・年功序列型企業組織」の中で高齢者支配が残存。

③現代…高齢者の地位下落と「高齢者弱者論」の台頭
高齢者の「社会問題化」と高齢者救済の「高齢者福祉」政策の登場。

「少子化」との同時進行による現役・次世代への「過重負担」の問題化。

表２　人間社会における「高齢者」の地位と変遷

①戦前…「年長者が尊敬される時代」

②戦後（1945年から1970年）…「若さに極端な価値を置く時代」
　「老い」はよその人たち（第三人称）の問題。

③高齢化社会から高齢社会への移行（1970年～2005年）…「老後不安の時代」
　1972年「恍惚の人」ベストセラー化。近親者の高齢化（第二人称）の問題。
　「高齢者＝要介護者」という認識の広まり。高齢者福祉の施策拡充。

④超高齢社会への突入（2005年～現在）…「高齢者介護過重負担問題の時代」
　人口減少と高齢者負担の過重問題化。老いは自分（第一人称）の問題。
　高齢者の否定的イメージの残存と「新たな老いの指針」の未確立。

⑤高齢者問題の日本的特性…少子化と高齢化の同時進行。家族解体の進行。
　高齢者の自己否定感情の強さと自主的運動低迷⇒要求の不鮮明化。
　高齢者研究とエイジズム（年齢差別）批判の遅れ⇒憐れみと同情の眼差し。

表3　日本人の高齢者観の変遷と高齢者問題の特性

から、若者からの批判の対象とされます。また「高齢化」の進展で「高齢者介護」が社会問題化し、2000年以降の「超高齢社会」になると「現役世代」の過重負担が問題化され、高齢者への否定的イメージが広がっていきます。

日本における世代の類型と「高齢者」特性の変化

時代が移り社会が変化することで高齢者の地位と役割も異なってきますが、高齢者もまた大きく変わっていきます。「子ども」であったのが「大人」になり、そして「高齢者」になっていくからです。高齢者も絶えず入れ替わり、変わっていくのです。私たちが若い頃に接していた高齢者は既に全員が亡くなっており、「高齢期を、どう生きるか」は私たち自身が考え決めていかなくてはいけないのです。

図13は、日本における「世代」の類型と「高齢期」への移行時を示したものです。この中で「旧人類」とは戦前・戦時中の生まれた世代であり、戦後生まれたのが「団塊の世代」と「新人類」となります。現時点では「後期高齢期」「超高齢期」は「旧人類」、「前期高齢期」は「団塊の世代」が中心となっていますが、これからは「団塊の世代」が「後期高齢期」に移行し、

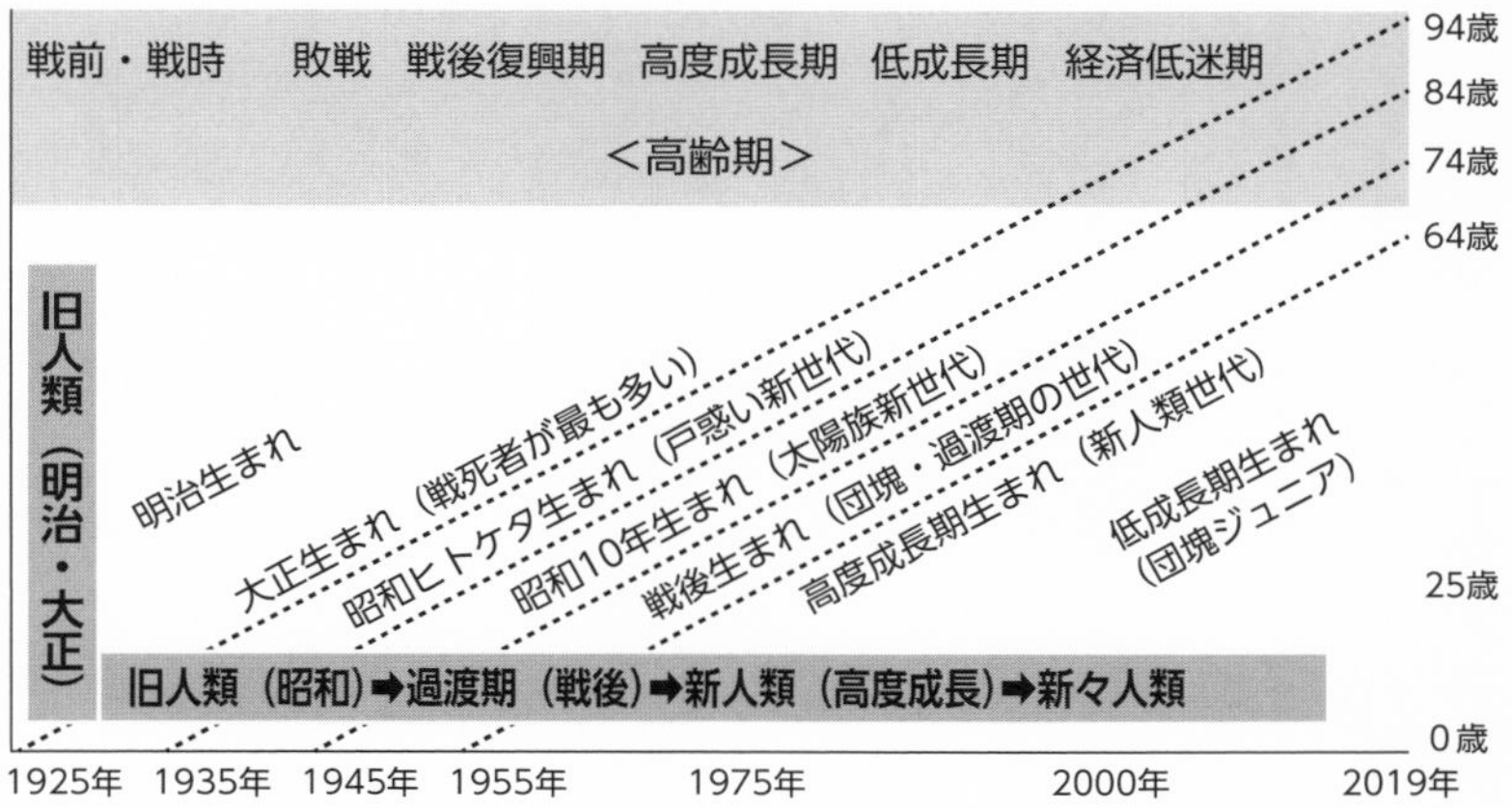

図13　日本における世代の類型と「高齢期」への移行

「新人類」が高齢者に仲間入りすることになります。

ここで「旧人類」とは、「富国強兵」という国家的な目標に向かって国民が一丸となって突き進むという時代に生まれ育った世代です。そこでは「国家・社会への貢献」が美徳とされ、「自己の欲望充足」を抑制する「節約」「勤勉」が求められていました。しかし私たちが子どもの頃の祖父母である「明治生まれ」「大正生まれ」の両親には、戦争体験によって大きな断絶が生じていました。

なぜなら戦争によって最も多くの犠牲を払ったのが「大正生まれ」であり、彼らは自分たちを戦争に導いた「明治生まれ」に不信感を抱いていたからです。その結果、戦後の混乱期に「戦前への回帰」を強く志向した「明治生まれ」の高齢者の政治的影響力は低下していきます。そして「昭和生まれ」の若者が戦後復興から高度成長の前期にかけて「平和と民主主義の擁護」の社会運動を展開し、それを定着させることになります。

やがて、この若者主体の社会運動は「戦後生まれ」の「団塊の世代」に引き継がれますが、その次の世代である「新人類」が登場すると若者主体の社会運動は急速に鎮静化します。なぜなら、彼らは「高度経済成長」によって「物質的生活の豊かさ」が実現する中で生まれ育った世代であり、「社会への関心」よりは「自己の欲望充足」の自由な追求に傾倒することになるからです。

彼らの特徴は「個人主義」であり、「勤勉」よりも「遊び」志向が特徴となります。それは日本的な勤勉性が特徴の「旧人類」と真逆であり、それが故に「新人類」と名付けられます。これに対して「団塊の世代」は「政治や社会について強い関心」を持ちながら、同時に「自己の欲望充足」にも邁進するという、両者の特徴を併せ持つことが特徴となります。そのために「旧人類」から「新人類」への移行期の「過渡期の世代」となります。

私は昭和20年生まれであり、「昭和生まれ」の年長の若者に影響されて社会運動に参加しました。しかし運動が年下の「戦後生まれ」の「団塊の世代」に引き継がれると、「過激」で「自己中心主義」な運動になっていくことに違和感を抱くようになります。それは私が運動に参加する動機であった「貧しい人」「虐げられている人」のための「自己犠牲」「献身」という精神が希薄になってきたためです。

「団塊の世代」は「自分の欲望・欲求が充足されない」ことに不満を抱き、それを社会や国家・大人たちにぶつけようとしていると感じたのです。社会の多くの人たちとの連帯よりも、自分が抱えている不満や怒りを発散させているだけであり、それが暴力的で過激な運動の「源」になっていると思ったのです。実際、「新左翼」と呼ばれた過激な運動は社会からの支持を失い、「旧左翼」も含めた社会運動全体も停滞・低迷していきます。

ここで示した世代区分は１９８０年代の中ごろに提起されたものですが、今日の日本の高齢者の意識と行動を理解する上で役立ちます。まず「戦争」を賛美・協力していた「明治生まれ」は既に亡くなっていますが、彼らへの反感が当時の若者であった私たちの意識の中に残り、それが高齢者となった自分への「嫌悪」「自己肯定感の低さ」となっているようです。これに対して「大正生まれ」の両親への反感は弱いように思います。

私が「子ども」であった時に「若者」だったのが「昭和ヒトケタ」「10年代生まれ」であり、私にとっては兄と同世代の先輩となります。彼らは「徴兵」の対象とはなりませんが、「育ちざかり・食べ盛り」の頃に「食べるものがない」という戦時と戦後の「飢餓」を体験しています。ただ軍国主義的な教育を受け、それが間違っていたことで深い挫折感を持つ「昭和ヒトケタ」は、それが希薄な次の世代と異なるとも言われています。

この戦時・戦後の「飢餓体験」は「旧人類」全体に共通しており、それが「物質的な豊かさの追求」のための「勤勉性」に繋がり、戦後復興や高度経済成長を支えることになります。ですが「昭和生まれ」の若者には「国家」への「献身」「滅私奉公」という意識は希薄です。他方で戦争体験によって政治や社会のあり方への関心は高く、社会主義イデオロギーの影響も受けることで、体制変革の社会運動を担っていくのが特徴になります。

その結果、「民主化」による既得権の喪失に反発し、「戦前の国家体制への回帰」を志向する高齢者と、「平和と民主主義」を歓迎する若者との世代間の違い・対立が鮮明化します。ですが社会のあり方で鋭く対立しても、政治や社会への関心の高さや経済の発展による物質的生活の豊かさの追求では両者は共通していたと言えます。これに対して「戦後生まれ」で「戦争を知らない」のが「団塊の世代」「新人類」となります。

私は広島出身であり、小学生の頃に教師から悲惨な原爆体験を聞かされたこともあり、戦争には興味を持ち、特攻隊などで死んでいった若者の手記も読んでいました。そして彼らを戦場に送り出していった大人たちに激しい憤りを感じると同時に、家族や国家のために死んでいった「自己犠牲」「献身」の精神には共感し、それが戦争責任を追及し「平和と民主主義の擁護」を掲げる社会運動への参加を促すことになります。

しかし、この社会運動の背後には「自己の欲望充足」を抑制してきた戦前の社会体制への厳しい批判から、「政治・社会への関心の高さ」と「自己の欲望充足」への貪欲さが両立していました。そして高度成長によって生活水準が向上し、「生存」「安全」が保障されるようになると、「政治や社会への関心」は低下して「自己の欲望充足」だけが強くなっていきます。

それは既存の社会主義社会・国家の「ほころび」や「経済の低迷・衰退」を知ることで加速化されます。そして「自己の欲望充足」を追求する「自己中心主義」が特徴の「新人類」が登場すると、「戦争」は遠い昔の出来事となり、その体験にこだわる大人とに亀裂、断絶が表面化していきます。ですが政治や社会に興味がない若者と大人との間に目立った対立、摩擦は生じません。

むしろ過激になっていく「団塊の世代」の社会運動からの忌避の傾向が強くなり、それが若者の「保守化」とされていきます。その頃、「明治生まれ」の高齢者は減少していき、「大正生まれ」の高齢者が多くなります。彼らは戦後の「平和と民主主義」を受け入れると同時に、「就職」や「進学」によって都会に出ていき、そこで就職し結婚する「子ども」との別居を余儀なくされる事態に陥ります。

この頃から高齢者は「見捨てられ」「忘れられる」存在になっていくのですが、彼らを救ったのが「敬老」という社会的風潮であり、高齢者を「福祉」の対象とする国家政策の展開です。農村での「血縁」や「地縁」による拘束から解放され、都会で自由に暮らすようになった「若者」は「成人＝大人」になり、それを農村という遠く離れた場所から祖父母が見守るという図式が、ここで完成することになります。

しかし田舎に取り残されていた「祖父母＝高齢者」が「要介護」の状態に陥ると、都市で暮らす「大人」になった「子ども」に引き取られることになり、両者にとって厳しい負担となる「家族介護」が始まっていきます。他方で多くの高齢者は「病気」になっても同居する家族がいないために、「病院」に長期入院を余儀なくされます。もはや「敬老」だけでは解決できない事態となり、「高齢者福祉」は新たな段階を迎えることになります。

3

「現役引退（隠居）」と「生活」への回帰

「現役引退」としての「隠居」のすすめ

多くの人は年齢だけでは高齢者であると自覚せず、「現役を引退した時」に自覚するようになります。この場合「現役」とは「仕事をしていた時」であり、「社会から必要とされていた時」「社会的な地位や責任・役割があった時」となります。そして日本では「定年制」が残っているために、「現役」からの「引退」は一定の年齢に達したという理由での強制となります。まだ元気であり仕事も続けられるのに、「現役引退」を迫られるのです。しかし「死」は必ず訪れるし、「老い」も着実に進行していきます。いつかは「引退」せざるを得ないのであり、早期に「引退」して、その後の人生を「楽しく生きる」という選択肢も考えられます。そこで参考になるのが、「ジェロントロジー」で提起されている「老いを受け入れて、楽しく生きよう」という「サクセスフルエイジング」です。

その際、具体化をめぐって展開されている論争があります。それは「引退をして、その後の人生を楽しむ」という「離脱理論」と、「生涯現役を続けるべき」ことを主張する「活動理論」の間で展開されているものです。この中間に「現役を継続しつつ、変化への適応」を主張する

「継続理論」が存在するようですが、私は、「生涯現役」の「活動理論」には疑問を感じています。

なぜなら「現役」にこだわっていても、いずれは「引退」せざるを得なくなり、さらに「世代交代」を妨げるというデメリットも生じるからです。私は「生きている」ことが「現役」であり、そこからの「引退」は「死」を意味すると思っています。だから選択肢は、現在の状況を続ける「継続」あるいは「新たな生き方」を見つける「転身」のどちらかになります。そして、それは高齢者の自主的な判断に委ねられるべきことです。

大切なことは高齢者の「転身」先であり、それを見つけることが重要です。この点で近代以前の日本社会には、「現役引退」後に大きなことを成し遂げた人がいたこと、それを許容する文化があったことに留意すべきです。それが「隠居」という制度・存在であり、「官職」や「家業」から離れて「生活する」ことを指します。そして、それは前近代社会の「家父長制」の下で「家長」が「家督」を譲ることを意味していました。

そこで歴史をたどってみると「隠居」という制度は、天皇から公家や武士・商家や農家まで広く存在していました。しかも「隠居」のあり方は多様であり、隠居後も隠居前よりも大きな力を持っていた場合もあり、逆に隠居前の関係をすべて断ち「山野などに閑居する」場合もあったようです。つまり「隠居」とは様々なしがらみから解き放たれ、自由になれるという「生き方」を意味していたのです。

私は以前から静岡市に対して「隠居文化創造都市」を目指すことを提起しています。それは静岡市が昔から温暖な気候で暮らしやすいことから「定年退官後の生活に適している」とされていたからです。実際、歴史的にも有名な人物が「隠居」として「駿府」と呼ばれていた現在の静岡市で暮らしていました。その代表が、徳川政権の最初の将軍の徳川家康であり、最後の将軍であった徳川慶喜となります。

ただ両者はまったく異なる「隠居生活」を送っています。家康は将軍職を息子の秀忠に譲った後も「大御所」と呼ばれ、優秀なブレーンを駿府に呼び寄せ、その後の徳川３００年の制度設計に励んでいます。江戸にいる将軍や多くの家臣を駿府から操っていたのです。大きな権力を生涯持ち続けた家康は「隠居」と言えないという説もありますが、それも「隠居」のあり方の一つとして認めるべきと、私は考えています。

なぜなら、重い責任がある立場にいたものが、一度、そこから離れて未来を見据えることで、自分が成し遂げてきたものの「最終仕上げ」をすることができるからです。それも「隠居」の役割です。大切なことは高齢者が「自分がやりたいことに専念する」ことであり、それで「隠居生活＝高齢期」が「人生最高のとき」になればいいのです。実際、「隠居」後に大きなことをやり遂げた人は多くいます。

江戸時代に活躍した天才絵師の伊藤若冲は、京都の青物問屋の主人だったのですが、40歳で家督を弟に譲って絵師として歴史に名を刻みました。また伊能忠敬も、49歳で家業をすべて長男に譲って、江戸に出て天文学を学び日本全国を測量して歩き廻ることで、全日本地図の作成に大きく貢献しました。今の感覚では、40歳代は若いように思えますが、「人生50年」と言われた時代では、彼らは立派な高齢者です。

これに対して徳川最後の将軍である慶喜は、政治との関係を一切断ち、趣味の世界に没頭する毎日を過ごしています。彼が旧幕府のトップでありながら、明治新政府との闘いを回避して「隠居」したことには批判的な評価もなされています。しかし社会での争いで敗れた人の「高齢期」の「生き方」としてみれば、慶喜の「隠居」は私たちに様々なことを教えてくれると思います。

この点で父・今川義元が「桶狭間の戦い」で討たれた後、今川氏の当主となった今川氏真の「生き方」も「隠居」を考える上で参考になります。なぜなら、彼は戦国大名としての今川家を滅亡させましたが、その後、徳川家の家臣となり、京都で文化人として活躍しています。そして今川家を徳川幕府の「高家」という高い地位に就けることで、幕末まで存続させているからです。

このように「現役」の時に「敗者」となっても、引退後の「隠居」としての「生活」の中で

「勝者」となる場合もあるのです。つまり「生きている」限り、人生は大きく変わる場合もあり、そこで問われているのは「生き方」です。それが「生活」であり、それも「政治」「経済」と同じように「社会」として考えるべきです。なぜなら「生活」とは、自分と自分以外の多くの人達との様々な関係のもとで営まれるものだからです。

ここで「現役」を「仕事」として捉えると、そこからの「引退」とは「仕事をしない＝働かない」ことになります。しかし「生きている」限り「生活」は続くのであり、「仕事をしない」という「生活」もあります。それは「仕事」によって得た「生活手段」を「消費」することであり、「生きる＝生命の維持」となります。そして、そこには「子どもを産み育てる」という役割も含まれ、「個の生存」と「種の存続」が「消費」となります。

このように考えると「消費」とは「生命の生産と再生産」を行うことになり、そのために必要なのが「仕事＝労働」となります。だから「生活」とは広い意味で捉えると「仕事」も含まれますが、それを除いた「消費」だけでも「生活」と捉えることもできます。それによって「現役引退」で「仕事」をしなくなった高齢者の人生を含めた「人間」と「社会」の全体的な考察が可能になります。

歴史の考察においても「個」としての「人生」だけでなく、「種」としての「家族＝血統」の「存続・滅亡」にも視野を広げるべきです。「個」としての「生存」に重点を置くのは近代以降の発想であり、近代以前では「種」としての「存続」に重点を置いた上での「個」としての「生き方」が支配的でした。だから今川氏真の生涯も、「個」としてだけでなく、今川家の存続という「種」の視点からも評価されるべきです。

ただ近代以前の社会では「家族」が基本単位とされ、「政治」や「経済」の支配機構に組み込まれていました。その結果、「隠居」も自己の所属する「家族」の社会的地位による制約が強く、「隠居」ができた高齢者は社会的な地位が高く、富裕な上層に限られています。これに対して現代では所属する「家族」による制約は少なく、自分の意志で自由に「高齢期」を「生きる」可能性は広がっていますが、新たな制約を生まれています。

そこで以下では、まず近代以降に顕著になった「政治」と「経済」の分離と役割分担、さらに「政治」「経済」と「生活」の新たな関係を考察し、そこから高齢者の「生き方」を考えていくことにします。それは「政治」や「経済」での「仕事」という「現役」から引退した高齢者が、「消費」が中心の「生活」の中で「どう生きるか」の問題であり、さらに「政治」や「経済」との新たな関係づくりの問題に繋がることになります。

現代の三つの社会システムと「生活」の位置付け

私たちは子どもの頃から「働かざる者食うべからず」という言葉を聞かされており、高齢者になって「仕事をしなくなる」ことに強い引け目・後ろめたさを感じてしまいます。これは病人や子ども・高齢者等への差別ではなく、「働けるのに働こうとしない怠惰な人間を諌める」ものですが、この言葉には「働く」ことの優位性を感じてしまいます。つまり「仕事＝労働」が「生活＝消費」よりも高く評価されているのです。

この言葉はキリスト教の新約聖書で書かれており、またロシア革命後に指導者のレーニンが「社会主義の実践的戒律」としたこともあって、政治的・思想的立場を超えて広く浸透している考えとなっています。しかし他方で、それは「働く男性の優位性」と「働かない女性の劣位性」に結び付けられ、「男女の性的役割分業」での「女性差別」の根拠にもされる一面もあります。

その結果、女性の「就労」が「性差別」の否定のために奨励されてきました。しかし私は「生活」の中の「家事や育児」なども「仕事」として評価されるべきであり、「金銭的な報酬」

がなくても人間にとって「有用」であれば「仕事＝労働」と認定すべきと考えています。なぜなら「生活」の中には「無償」であっても「有用」な「仕事」が多く存在しており、それが「政治」や「経済」に広がることで「有償」な「仕事」になるからです。

新しい産業や経済も、「生活」の中での必要性・有用性からの「無償」の「仕事」として始まっており、それが「政治」や「経済」に広がることで「無償」から「有償」に変化していくのです。だから「仕事」を最初から「有償」に限定すると、新たな産業や経済の誕生を阻害することになります。ちなみに衰退・消滅したと思われる産業や経済も、それが必要、有用であれば「生活」のなかの「無償」の「仕事」として残っています。

ここから言えることは、「仕事＝労働」とは「生活」における必要性・有用性から始まるものであり、そこから「政治」や「経済」という「社会システム」とそこでの「仕事」も生まれていることです。つまり人間にとって大切なのは「生きる＝生活」であり、それは「消費」によって可能になります。そして「仕事＝労働」は「生きる＝消費」という目的の実現のための手段にすぎません。

つまり人間にとって必要な「仕事」は「生活」の中から生まれ、それが「政治」や「経済」に広がることで、「無償」から「有償」に変わるのです。だから「仕事」を最初から「有償」に限定すると、新たな「仕事」を生み出す「生活」の中での「無償」の「仕事」を否定・過小評価することになります。それは結果として新たな「仕事」の出現を阻害することになり、産業経済の衰退、停滞をもたらします。

近代以前の社会では農業が基幹産業であり、そこでは「生活」と「経済」は一体化していました。つまり「家族」とは「生産」と同時に「消費」も行う組織だったのです。しかし、近代以降の「工業化」の進展で「企業」が「生産」の基本組織となり、そこで「仕事」をする人にとって「家族」は「消費」だけの組織となります。そして「社会」は「個人」を基本単位にして、**図14**のような「生活」「経済」「政治」の三つに分離されます。

ここで「生活」とは「生活手段を市場で購入し消費することで生命を生産・再生産するシステム」となり、その基本組織が「家族」となります。そして「生活手段を生産し、それを商品として市場で販売する」のが「経済」となり、そこでは「企業」が基本組織となります。そして「社会秩序の維持と基盤整備を担う」のが「政治」であり、その基本組織が「国家」となります。

人間は「個人」として「生活」のなかで「子ども」として誕生し育てられます。そして「大人」になると「企業」に就職することで「働く」ようになり、そこで得た「賃金」を「家族」に持ち帰り、それで生活手段を「消費者」として「企業」から購入して「生活」します。それと同時に「個人」は一定の年齢に達して「国家」から「成人」と認定され、「有権者」「納税者」

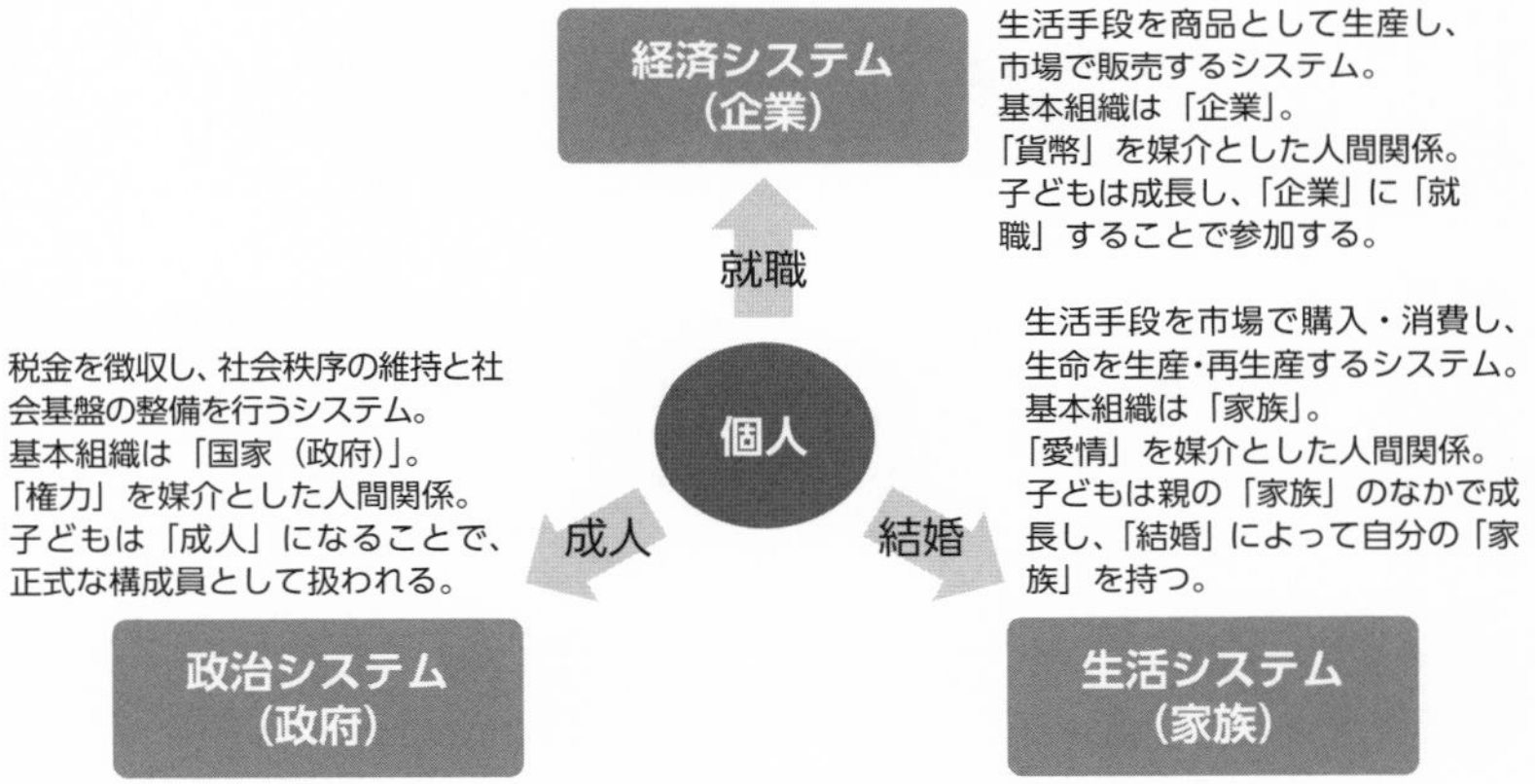
経済システム
(企業)
生活手段を商品として生産し、
市場で販売するシステム。
基本組織は「企業」。
「貨幣」を媒介とした人間関係。
子どもは成長し、「企業」に「就
職」することで参加する。
就職
生活手段を市場で購入・消費し、
生命を生産・再生産するシステム。
基本組織は「家族」。
「愛情」を媒介とした人間関係。
子どもは親の「家族」のなかで成
長し、「結婚」によって自分の「家
族」を持つ。
税金を徴収し、社会秩序の維持と社
会基盤の整備を行うシステム。
基本組織は「国家(政府)」。
「権力」を媒介とした人間関係。
子どもは「成人」になることで、
正式な構成員として扱われる。
個人
成人
結婚
政治システム
(政府)
生活システム
(家族)

図14 現代における三つの社会システムとその特徴

として「政治」に正式参加することになります。

高齢者の場合、「仕事」の場としての「政治」や「経済」からの「退職」が「現役引退」となり、「老いの進行」と「死の接近」を見据えながら「社会との関わり」を持ち、「生活」することになります。そこでは「消費」だけでなく、それに関わる様々な活動が「無償」の「仕事」として存在しています。孫との同居であれば「育児」を手伝う場合もあり、夫婦だけの「生活」でも「家事」という大きな「仕事」もあります。

さらに高齢者の場合、「介護」も「老い」や「死」と同じような課題となって、それに対する「備え」が重要になります。これらは「現役」の時期でも「ワーク・ライフ・バランス」＝「仕事と生活を調和させる」として、課題とされているものです。したがって「現役」の時の「生活（ライフ）」への関心、関与の度合いによって、高齢者としての取り組みも異なり、個人差が大きくなります。

高齢者にとって「マラソンのゴール」の状況が「高齢期」のスタートになります。そこで「現在の自分の状況」を「これまでの人生の到達点」として認識し、そこから課題を把握します。「現役＝仕事」の継続が必要な高齢者も多く、そこでは「有償」の「仕事」を「どこまで」「どのように」していくかが課題となります。また、それが必要でない場合も、「無償」で「やらねばならない仕事」も多くあります。

しかし、高齢者にとって大切なことは、「高齢期」を「人生最高のとき」とすることであり、「元気に自立した暮らし」を続けることで「自分がやりたいこと」に専念すると同時に「家族や社会に役立つ」ことを目指すべきです。それは「個人」としての「幸せ」と「家族・社会への「貢献」の両立を目指すことであり、高齢者として「生きる」ことの意味を問うことで、「嫌老」の社会的風潮を変えていくことになります。

マズローの「欲求5段階説」と「自助」「互助」「公助」

この点で参考になるのが、「マズローの欲求5段階説」です。**図15**のように人間の欲求は「生存」と「安全」の「生活欲求」から始まり、「所属」と「承認」の「関係欲求」に高まり、最後が「自己実現」という「生きがい欲求」に至ります。これを日本の歴史と照応すると、「生存」と「安全」の欲求が脅かされた体験をしたのが「戦前」と「戦時」生まれの高齢者になります。

彼らは「病気」や「戦争」で死亡率が高い時代に生まれ育っており、「生きる」ために「身を寄せ合い・助け合う」ことで「生活」していました。だから高齢者になっても、ここまで

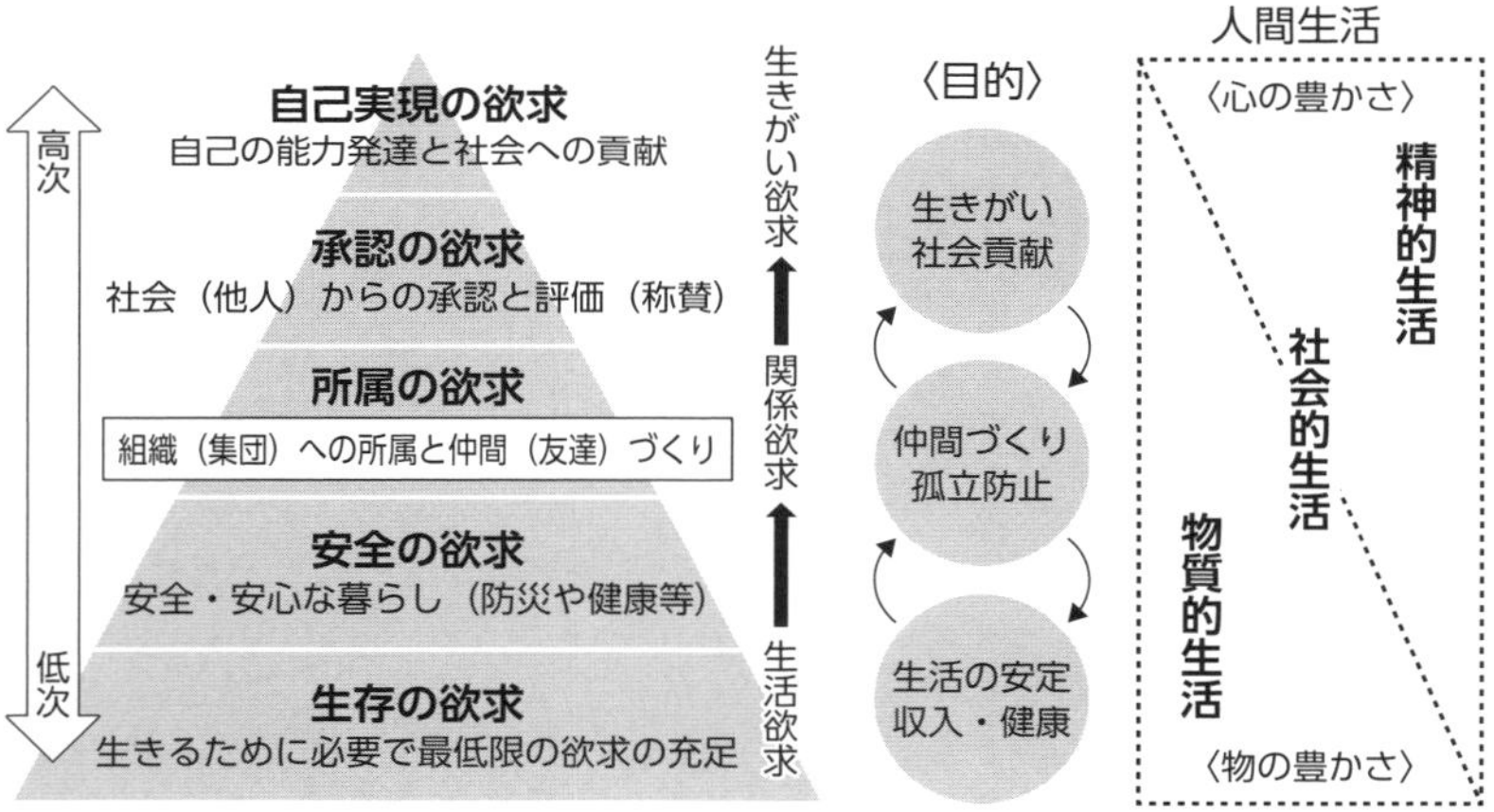

図15　マズローの欲求5段階説

「生きることができた」という意識が強く、戦後復興や高度経済成長によって「物質的生活」が豊かになることを素直に喜んだ世代となります。しかし、現在、この世代は「死」を迎えることで次第に減少しており、戦後生まれが多数になりつつあります。

戦後生まれの高齢者は、経済発展と平和の持続によって「生存と安全の生活欲求」が基本的に充足される状況下で生まれ育った世代です。そして彼らは基本的人権を認めた新憲法の下で「自由に生きる」ことを追い求めることになり、それが「所属と承認」を求める「関係欲求」になります。それは「仲間が欲しい」「認められたい」というものですが、他人とは違う「個性的で自由な生き方」を目指すという点で高次な欲求となります。

このなかで戦後生まれの最初の世代となる「団塊の世代」が最もこだわったのが、支配や抑圧・強制から解放されて「自由に生きる」ことです。だから彼らの不満や怒りは「自由」を抑圧する「国家」や「大人たち」に向けられ、それが社会への関心の高さと学生運動への参加となります。しかし次の「新人類」になると、「自由に生きる」ことの喜びよりも、そこで生じた問題で悩むことになります。

つまり戦前・戦時に禁止されていた「自由恋愛」ができるようになったが、今度は「恋愛が上手くできない」「相手を見つけることができない」ことで「悩み」「苦しむ」ようになったのです。それは獲得した「自由」の使い方・活かし方での「悩み」であり、「自分らしい生き方」

「何をしたいのか」「何ができるのか」が分からない状態では「仲間」もできないし「認められる」ことにもならないからです。

その結果、彼らの不満や欲求は自分の不甲斐なさに向けられることになり、「自分の自信が持てない」という「自己肯定感の低下」に陥ります。その結果、「自由に生きる」ことで「悩む新人類」と、それを「喜ぶ団塊の世代」との意識の違いが出てきます。ただ「所属と承認の欲求」という点で両者は共通しており、その実現の手段を「団塊の世代」が「社会変革」、「新人類」は「自己変革」に求める点に違いがあるように思います。

そこで「欲望・欲求の充足」を「社会変革」に求めることを「公助」とすれば、「自己変革」を志向することは「自助」と言えます。人間とは「社会的存在」であり、「生きる」ために「自助」は必要不可欠ですが、そこに「家族や友人・近隣住民による助け合い・支え合い」としての「互助」や、「社会からの支援」としての「公助」が加わることで「生きる」ことが可能になります。

それを先の三つに社会システムと関係付けると、「自助」は「個人」で行われ、「互助」は「生活」でなされ、「公助」は「政治」「経済」からの支援となります。そして今日では「自助」と「互助」「公助」を分けて考え、「自助」でできないことを「互助」が行い、それでもできない場合に「公助」が登場するとされています。しかし私は「自助」「互助」「公助」を分離するのではなく、その連携こそが必要と考えています。

このことを示したのが図16となりますが、左が「自助」「互助」「公助」を分離させたものとなります。ここで懸念されるのが、「自助」の欠落が「互助」「公助」への「依存・甘え」を生み、それが「分裂・敵対」を招くことで「支配・抑圧」に繋がる点です。特に、最終的に「公助」に任せることは、国民への重税となり、「公助」による生活支援を必要とする「社会的弱者」の間での争いを生じさせます。

それはさらに「重税」への反対の声が「弱者」への生活支援としての「公助」の削減に繋がります。実際、今日では「高齢者介護」と「子育て支援」を対比させ争わせることで、「未来を担う子ども」への支援の重要性が訴えられ、「死を迎えるだけの高齢者」への支援の削減が画策されています。それはまた高齢者を「要介護」と「健康・自立」に分けて、「要介護」の高齢者への支援の削減の主張に繋がっていきます。

これに対して図16の右図では、「個人責任」としての「自助」を核として、それを「共同責任」としての「互助」と「国家責任」としての「公助」が支えることになります。そして「自助」には「互助」「公助」を求めることも含まれ、「互助」には「自助」への支援と「公助」への依頼も含まれ、「公助」には「自助」「互助」への支援が課せられることになります。つまり「自助」「互助」「公助」の分離ではなく、その連携が特徴となります。

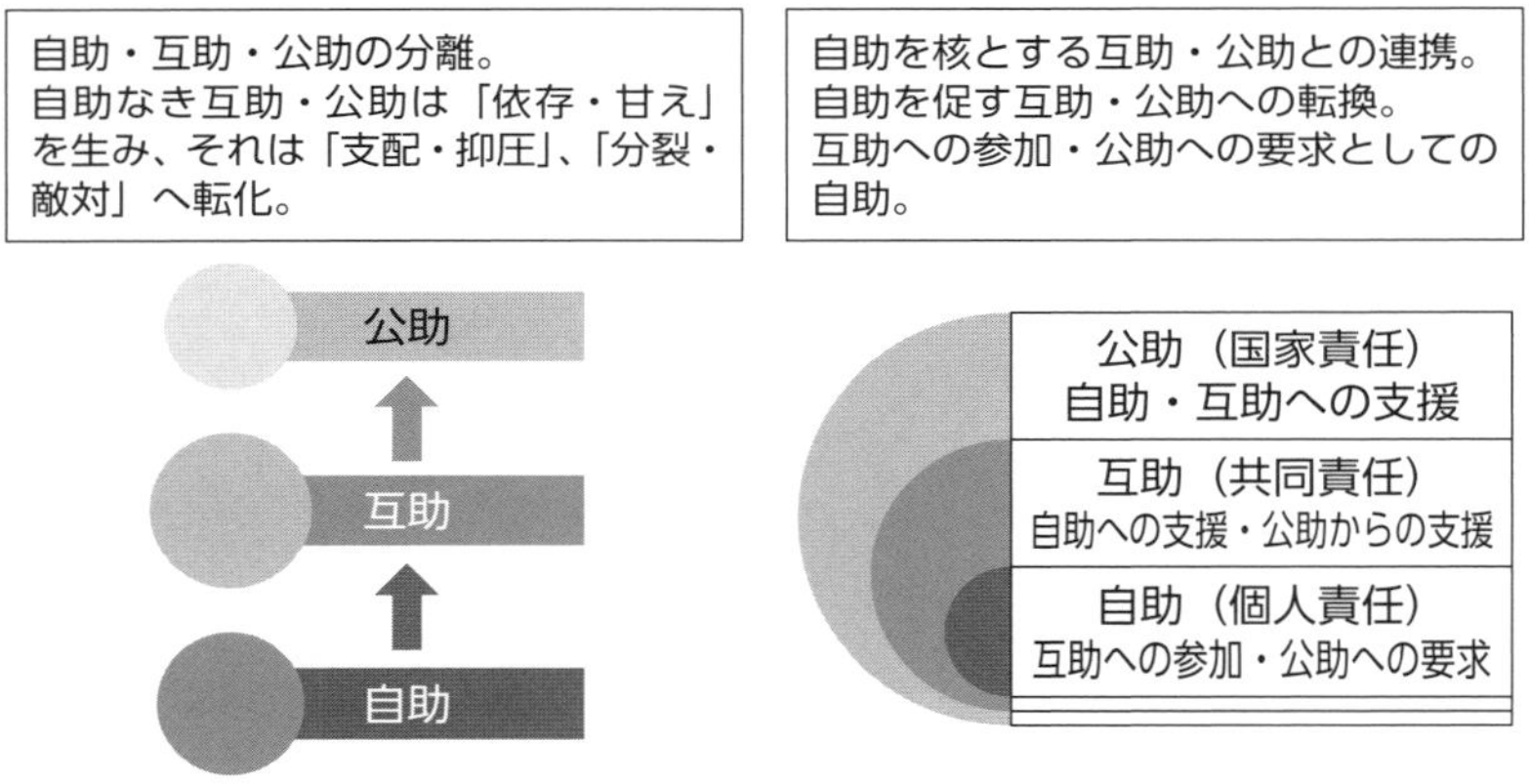
自助・互助・公助の分離。
自助なき互助・公助は「依存・甘え」を生み、それは「支配・抑圧」、「分裂・敵対」へ転化。
自助を核とする互助・公助との連携。
自助を促す互助・公助への転換。
互助への参加・公助への要求としての自助。
公助
互助
自助
公助（国家責任）
自助・互助への支援
互助（共同責任）
自助への支援・公助からの支援
自助（個人責任）
互助への参加・公助への要求

図16　自助・互助・公助の分離と連携

今、「地域」の福祉関係者の中で密かに囁かれているのが「地域の絆を福祉が壊す」という言葉です。つまり「公助」としての「介護サービス」の充実が、「互助」としての「地域の絆」を弱体化していることが危惧されているのです。実際、朝になると高齢者の多くは「介護サービス」の送迎車に乗り込み、「地域」における高齢者の交流は次第に希薄となっています。

これは「公助」への依存による「互助」の弱体化を意味しています。そして、「公助」を肥大化させる一方で、「自助」や「公助」の基盤も揺るがすことになります。なぜなら「自助」を担う「個人」の多くは「弱者」であり、そこが分裂・対立すれば「強者」である「国家」に服従・従属せざるを得なくなるからです。だから私たち高齢者は「互助」の意味・役割を認識し、それを「生活」の中で維持・強化しなければなりません。

「愛情」に基づく「助け合い・支え合い」

戦前、特に戦時の日本は「生存と安全」が脅かされた時期であり、そこでは「身を寄せ合い・助け合う」ことは当然でした。「政治」からは「国家」のために「死ぬ」ことを求められていましたが、「生活」では「生き延びる」ことが目標であり、そのために「自助」「互助」は一体化していました。そこでは「個人」の自由は制限されます。それによって他の人たちの命を危険にさらす可能性もあるからです。

今でも軍隊や体育会系・芸能の世界の一部で「個人」の自由の制限は受け継がれており、そこで生じた「いじめ」「パワハラ」が社会問題となっています。そうなったのは「生存と安全」が保障され、代わりに「所属と承認」の欲求が強くなってきたからです。それは「自由に自分らしく生きたい」という欲求であり、自分の「個性」と「能力」を活かすと同時に「社会に認められる」ことを求めるものとなります。

そこでの「自助」は「自己の欲望充足」のためであり、それを抑制し、邪魔することは許されないことになります。その結果、「生存と安全」のための「互助」は崩れ去りますが、「所属と承認」のための新たな「互助」の構築とはなりません。なぜなら、それをめぐって個々人の「争い・対立」が起きてくるからです。それを今でも示すのが、災害が発生した時の被災者の意識と行動の変化です。

災害心理学によれば、災害によって「生存」と「安全」が脅かされた被災者は自然に助け合う関係となり、「互助」は円滑になされるようです。しかし救出されて「避難所」で暮らすようになると、被災者から出される異なる欲求の充足をめぐって揉め事が起きるようになり、良好であった人間関係が次第に悪化していくのです。それによって被災直後の良好な人間関係に基づく「互助」も崩壊することになります。

「所属と承認」の欲求は「個人」の特性や能力・価値観が尊重されることが前提になり、「自己の欲望充足」の延長線上に存在しますが、「自助」だけでは充足できません。他者に「認められる」「受け入れられる」ことが必要だからであり、そこでの「互助」は「思いやり」「やさしさ」の心を持って相手の「欲望・欲求」を理解し、その充足に協力することになります。

つまり「愛する」「愛される」という一方通行ではなく、「愛し合う」関係にならねば充足されません。この点で戦前・戦時の世代は「国家」や「会社」を「愛する」「献身と自己犠牲」が強要され、同時に「生存と安全」のための戦時の「互助」も経験しています。そして戦後になると「家族」のために懸命に働き、「給与」を持ち帰ることが「愛情」と信じており、「所属と承認」の欲求は未体験となります。

これに対して戦後生まれは、「自己の欲望充足」のために「愛される」ことだけを求めてきた世代です。「所属と承認」の欲求充足のために「愛し合う」関係を望んでいますが、それが「実現」「持続」しないことで悩んでいます。その原因は自己の利害には敏感に反応しますが、他者の利害には無関心であるためで、そこに気づくのは少数です。そして彼らは「大人」になり、「子ども」の「いじめ」や「不登校」等で悩んでいます。

これからは戦後生まれの高齢者が多数になっていきます。彼らは「所属と承認の欲求」の充足を求めながら、挫折も体験しています。そして「高齢者」になり、「仕事」から引退して「老いの進行」と「死の接近」を自覚するようになっており、そこから「愛される」ことを望むだけでなく、「愛する」に転じる可能性を秘めています。それは「愛し合う」関係の構築で「社会的孤立」に陥ることを防ぎ、「幸せ」な人生に繋がっていきます。

1950年代頃、日本で「親子の断絶」が社会問題となり、ある教育学者が「昔から親子は断絶していた。それが問題とされるのは日本が豊かになった証拠だ」と書いていたのが、私の記憶に残っています。また過疎地の高齢者と話していた時、「昔は明日の食べ物がないことで寝れなかったが、今は子どもの将来を考えて寝れない」と言われたことがあります。これらは欲求が「生存・安全」から「所属・承認」へ変化したことを示すものです。

人間は高齢になると「死んだ後のこと」「死んでも変わらないこと」に関心を示し、「個としての生存」よりも「種としての存続」を重視するようになります。また高齢者にとって「子どもはビタミン剤」と言われていますが、それは「子ども」には未来があるからであり、「子ども」と接することで高齢者は元気になれるのです。これは高齢者にとって「家族や社会から必要とされない」ことが与える打撃の大きさを意味します。

この点で注目されるのが高齢者の自殺となります。「自殺率」が高いのが日本の特徴ですが、その四割が高齢者です。しかも「高齢自殺者」の多くは「家族と同居」であり、「単身生活」

の比率は5%以下となっています。つまり「家族と同居」であっても「必要とされない」「無視される」ことで高齢者は「孤立感」を深め、それが「自殺」に繋がっているのです。「高齢自殺者」の調査によれば、多くは生前「長く生きすぎた」「迷惑をかけたくない」ともらしており、「心身の衰え」の自覚が「家族への介護負担の遠慮」となり、それが自殺の要因になっているようです。つまり「家族に迷惑をかけたくない」から自殺するのであり、「迷惑をかける」「負担になる」として高齢者を嫌悪する「嫌老」の社会的風潮がもたらす結果を暗示することにもなっています。

これまでは「同居＝共に暮らす」ことで「互助＝助け合い・支え合い」がなされていると思われていました。しかし、そこに「愛情」に基づく「助け合い・支え合い」の関係が構築していなければ、「所属と承認」の欲求は充足されないのです。大切なことは高齢者が「家族」に「愛される」「必要とされる」ことであり、高齢者が「迷惑・負担をかける」存在と見なされれば、それが自殺に繋がっていくのです。

「愛情」がない「同居」でも「生存と安全の欲求充足」は可能です。しかし「所属と承認」を求めるようになると、「同居」は耐え難い苦痛を与えます。高齢者を「家族」が一方的に「助ける・支える」関係にとどまると、それは「家族」への高齢者の「服従・従属」になり、高齢者を苦しめます。「家族」と高齢者が「依存・甘え」の関係になると、今度は「家族」を苦ししめることになります。

必要なのは自立した人間同士の対等で平等な信頼関係の構築であり、それは「別居」でも可能です。だから多くの高齢者は「迷惑をかける」「同居」ではなく、「別居」を選ぶのであり、それが「単身生活」の高齢者の自殺の少なさに繋がっています。「子ども」や「大人」の場合も同じです。「学校」や「職場」での「いじめ」や「パワハラ」も、「愛情」に基づく「助け合い・支え合い」の関係構築でなくすことができます。

今、私たち高齢者に求められているものとは！

私は「地域・自治体問題」の研究において「反対」だけの住民運動に疑問を感じて、「地域づくり」の運動に賛同し高く評価してきました。「自己の権利を守る」ためには「互いの権利を守り合う」ことが必要であり、それによって社会も良くなると考えたからです。そして私は、その実践として過疎の山村に移り住み、集落の人たちと共に「むらおこし」に取り組み、現在に至っています。

高齢者の問題に関心を持ったのも、自分が高齢者になり、これから「どう生きるか」を考えためであり、同時に妻を43年間「介護」しており、大学の退職後に民生委員として12年間活動してきたことも関係しています。そして「地域づくり」の活動が「介護」や「福祉」の中で「公助」と「自助」の中間に位置する「互助」となることに気付き、それを「地域福祉」や「高齢者学習」に応用・実践することにしたのです。

今、私たち高齢者に求められているものは「自助」として「元気に自立した生活」を送ることであり、同時に「公助」としての「高齢者福祉」「介護サービス」を利用し充実させることです。ですが「自助」と「公助」だけでは高齢者の「幸せな生活」は実現できません。高齢者同士の「互助」としての「助け合い・支え合い」も必要であり、「家族」「地域」での「愛情」を媒介とした人間関係、社会関係の構築も目指すべきです。

「地域づくり」や「福祉ボランティア」の実践から感じたことは「互助」の困難さです。地域住民や高齢者は「自助」で頑張る人たちと「公助」に依存する人たちに分かれ、その中間に位置する「互助」に取り組む人が少ないのです。「自助」による努力の限界を感じて「互助」に取り組んでも、様々な問題に直面することでバラバラになり、活動の継続が困難になるのです。

そこで「公助」による支援を依頼すると、行政が許可する範囲内での活動に限定され、自由な活動ができなくなります。すると「公助」への依存を増やす方向と「自助」に回帰して自由を維持する方向に分かれ、「互助」の活動は停止に至るのです。「自助」で頑張り、それを誇りとしている人たちは、「公助」に依存する人を軽蔑し批判します。他方で「公助」に依存する人たちは、困難に直面すると「公助」への依存を強めていきます。

今、高齢者に求められているのは、二極化している「自助」と「公助」の間に位置する「互助」の再生と強化です。そのためには「公助」に依存せざるを得ない「弱者」に対して、「やさしさ」や「おもいやり」の「共感能力」で接して理解すると同時に、「助け合う・支え合う」ことが必要です。それが「弱者」にも自主的かつ自発的な「自助」の努力を促すことになります。

「福祉」や「介護」においても「欠落・欠如を補う」「与える・助ける」だけでは駄目であり、「寄り添う」「共に努力する」という「伴走型支援」への転換が求められています。それが新しい「互助」の形であり、今、私たち高齢者に求められていることでもあります。それは「迷惑をかける」と卑屈になるのではなく、「迷惑をかけるのは当然」と居直るのでもなく、「命あるすべてのもの」と共に「生きる」ことになります。

この点で参考になるのが、結果だけでなく、そこに至るまでの過程を重視する日本の伝統的な文化です。日本には仏教などの外来の宗教が入ってくる以前に、幼い子供を崇め祀り祈ることで育てる古来の宗教が存在したようです。それは今日の「芸が未熟な段階から成長に至るまでをファンに見せる手法」となっており、アイドルへの熱狂・ブームを起こしているようです。

私は、これができるのが新しいタイプの高齢者だと思っています。なぜなら、彼らには「飢餓」の体験も「生存と安全」のための「互助」の記憶もありませんが、「所属と承認の欲求」を追い求めて挫折した経験があるからです。だから「命令」「強制」ではなく「自主性」「自発性」を尊重することで、「助け合い・支え合い」の中で「自助」を促すべきです。そして、それは「過程をみせながら結果も出す」という新たな手法となります。

これは「日本人の特性」にも合致することであり、今の社会問題である「いじめ」や「パワハラ」「虐待」の「防止」「解決」も可能になります。高齢者は「社会に役立つ」存在として認められ、「所属と承認の欲求」が充足されることで、「自己肯定感」も高まります。こうして「社会」は、高齢者を「必要としない」から「必要とする」に変わるのです。

そのためには「愛される」ことを「願う」だけでなく「愛する」ことを「実行」すべきです。それは「自分のため」ではなく、「相手のため」に自分が「できる」ことを探すことから始まります。そのためには「自己犠牲」が必要であり、自立した「強い人間」でなければ「愛する」ことはできません。しかし「愛する」ことで相手が「幸せ」になれば、自分も「幸せな気分」になります。

それを私が自覚したのは、妻と出会い「恋愛関係」になってからであり、確信となったのが妻の介護を体験してからです。私は妻と出会い「ひとめぼれ」したのですが、彼女を「愛する」とは「幸せにする」ことであると思い、そのために努力することで付き合えるようになりました。それが私の成功体験となり、「愛する」とは自己犠牲であり、献身と信じるようになったのです。

さらに障害者となった妻を「介護」するようになると、妻が「喜ぶ」だけで自分は「幸せ」と感じられるようになりました。「家族介護」には「見返り」はありません。「無償の愛」が求められるのですが、そこに私は「幸せ」を感じたのです。最後は認知症となり、私が誰であるかも分からなくなった妻が、私に「結婚しよう」と言ってくれたことが、今の私にとって最大の「見返り」となって支えてくれています。

これからの高齢者は「愛情」に基づく「助け合い・支え合い」としての「互助」を再生、強化に努めるべきです。「弱者」間での「傷つけ合い」「足を引っ張り合い」の関係を「助け合い・支え合い」の関係にしていくべきです。それによって「身近な弱者への差別と攻撃」としての「いじめ」や「虐待」「パワハラ」の発生を防止し、「嫌老」の社会的風潮の広がりを阻止すべきです。

4

「社会参加」と「健康維持」「終活」

「高齢期」の3段階の特徴と「生活課題」

「高齢期」とは「生殖期」を終えて「死」に至るまでの期間と定義されています、そして「高齢期」は、**図17**のように65歳から74歳までが「前期高齢期」、75歳から84歳までが「後期高齢期」、85歳以上が「超高齢期」とされています。加齢に伴う「健康度」の変化に即して「前期高齢期」を「自立期」、「後期高齢期」を「自立度低下期」、「超高齢期」を「要介護期」と名付けています。

各段階で直面する主要な「生活課題」を示すと、「前期高齢期」では「現役引退」に対応した「社会参加」となり、「後期高齢期」では「老化の進行」に対応する「健康の維持」、「超高齢期」では「死への備え」としての「終活」に変化していくことになります。そこに「心理の変化」を加えると、**図18**のように「老化の拒否・抵抗」から「戸惑い・反発」へ、最後は「老化と死の受容と諦め・悟り」となります。

このような高齢者の「生活課題」と「性格・意識」の変化は平均的な傾向であり、「個人」によって異なることは言うまでもありません。ただ「高齢期」を「どう生きるか」を考える上

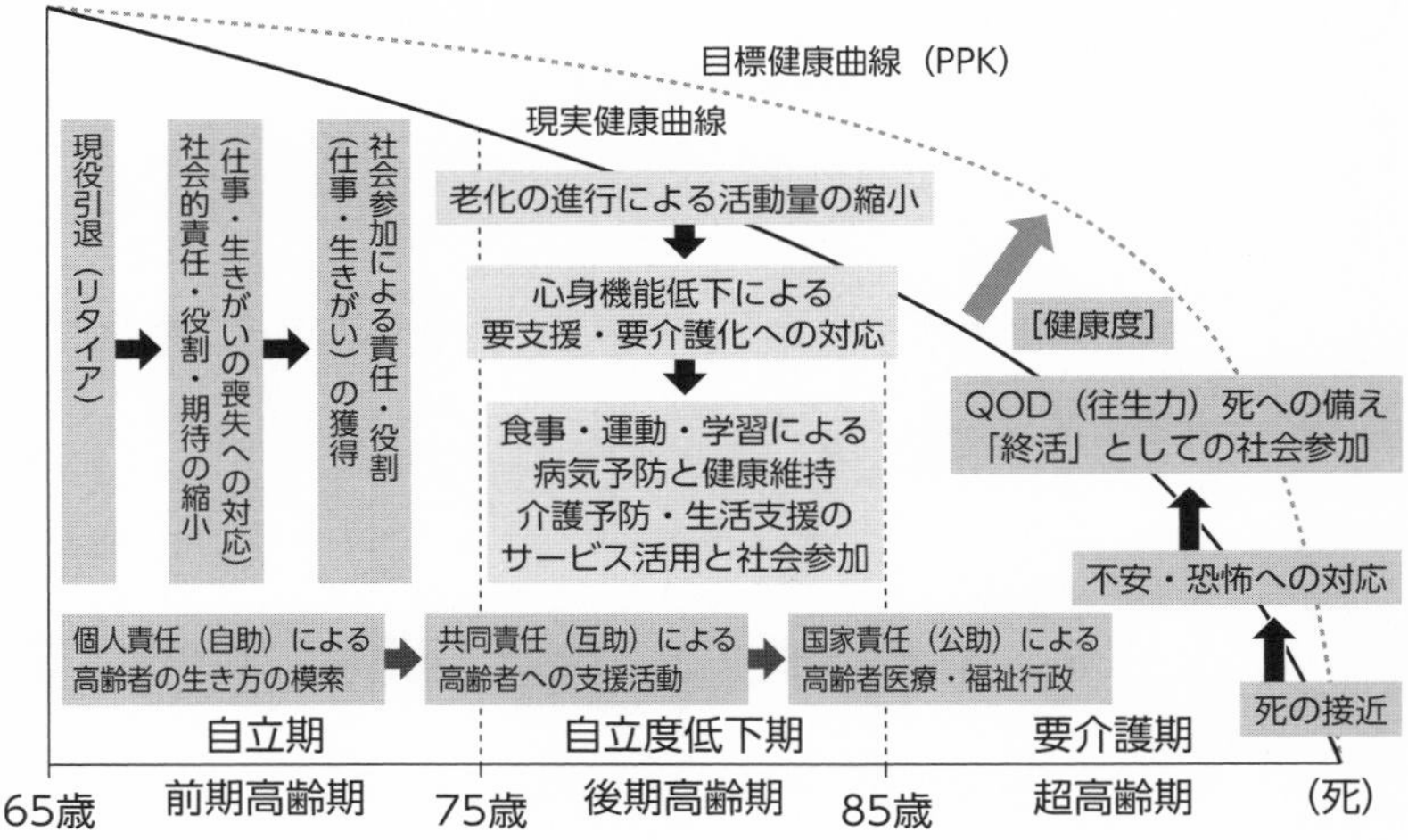

図17 「加齢・老化」による「生活課題の変化」と「社会参加」のあり方

①「前期高齢期」…「加齢による老化の拒否・抵抗型」
加齢による老化への抵抗としてのアンチ・エイジング＝若さの維持
現役生活の持続志向と、生き方の転換＝第二の人生志向の二極化
②「後期高齢期」…「老化の現実への戸惑い・反発型」
進行する老化の現実への強い反感と悲観的感情での受容
若者敵視の他者攻撃の志向と、自分の卑下・後悔志向の二極化
③「超高齢期」…「老化と死の受容・諦め型」
老化の現実の受容と死の接近の自覚による自己の人生の振り返り
経験引継ぎの責任・努力志向と、他人依存の受身的志向への二極化

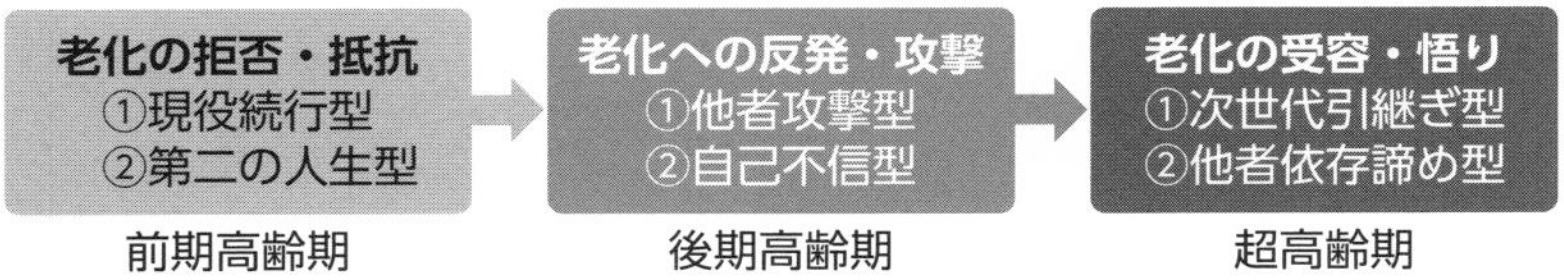

図18　高齢者の性格パターンと高齢期への適応

では参考になります。それを踏まえた上で「現役引退」から「隠居生活」に至る道筋を見てみると、**図19**のようにまず「やりたいこと」「やれること」「やらねばならないこと」の三つを考えることから始まります。

しかし「自分のやりたいことが分からない」という人が多いのが日本人の特徴と言われており、日本の学校での「自己分析」という教育の遅れに起因しています。だから「やりたいことが分からない」と思う高齢者も多いはずです。それはまた「自己分析」が生涯やり続けねばならない課題であり、決まった答えがないことにも起因します。したがって「自己分析」は「高齢者学習」にとって重要な課題となります。

「自己分析」とは「どう生きるか」を考えるために必要なものであり、すべての「学習」の基礎となり目的ともなります。先に述べたように、まず自分に「役立つ」ことを「知る＝認識」が大切であり、そのためには「面白い」と「感じる＝感情」が重要となり、それを「行動」に繋げることが「知識を活かす」ことになります。つまり「認識」と「感情」「行動」を連携させると、「自己分析」になるのです。

つまり自分が「やりたいこと」「やれること」「やらねばならないこと」が分かるようになるのです。同時に、それが日々変化していくことも分かるようになります。高齢者の場合も、まず「やりたいこと」を見つけることが「学習」の始まりとなります。しかし「やりたいこと」

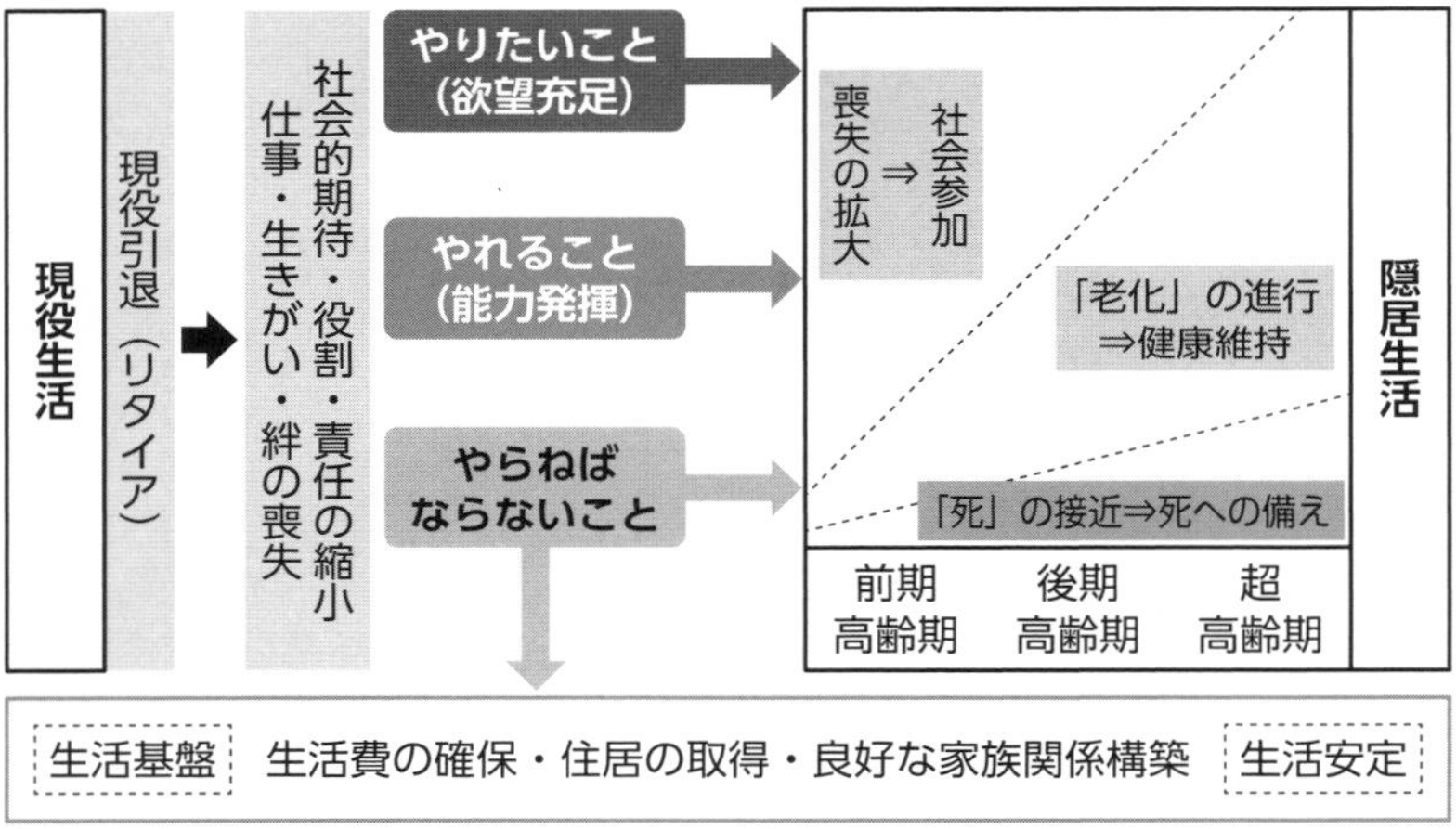

図19　現役引退後の選択課題

は簡単に見つからないし、見つかっても「やれる」とは限りません。そこで自分が「やってきたこと」「得意なこと」を考えることになります。

そこから「好きなこと」にたどり着けば、「やれる」と「やりたい」が一致したものとなります。さらに重要なのが「やらねばならない」ことであり、「やりたい」「やれる」よりも優先させる場合も出てきます。私の場合、妻の「介護」は「やらねばならないこと」でしたが、それが「喜び」になってくると「やりたい介護」に変わり、さらに続けることで「やれる介護」になっていきました。

だから「やりたい」「やれる」「やらねばならない」は最初の選択肢であっても、交じり合い、変わっていくこともあります。高齢者は自分の置かれた状況や感情・能力を個々に考えて「高齢期」を生きていけば良いことになります。ただ「前期高齢期」の場合、まだ元気であることから「仕事」から離脱した後での「社会参加」が当面する課題となります。そこで次に高齢者の「社会参加」を考察していきます。

「高齢者」の「社会参加」とその類型

図20のように高齢者は何もしなければ「引きこもり」となり、「社会的孤立・孤独死」になります。だから「社会参加」が必要になってくるのですが、それは「私益」「公益」という「目標・動機」を示す縦軸と「営利」「非営利」という「手段」「方法」の「横軸」で四つに分類されます。最も多いのが「私益」のための「非営利」活動としての「生活のための社会的活動」であり、「営利」活動としての「生活費獲得のための就労」も多く存在します。

「公益」のための「非営利」活動は「社会のための奉仕的活動」であり、「営利」活動は「地域のための共益的活動」になります。そして「私益」のための「社会参加」が「公益」を目指すようになると、それは「社会貢献」になります。しかし、この四つの類型の境界は曖昧であり、「私益」で始めていても、結果的に「公益」になる場合もあります。「営利」目的でも利益を上げられなければ「非営利」となります。

「私益」と「営利」活動は一般企業での「就労」と同じになり、「公益」と「非営利」活動は「行政」「政治」と重なります。したがって、この分類は高齢者が「社会参加」する際、対象と

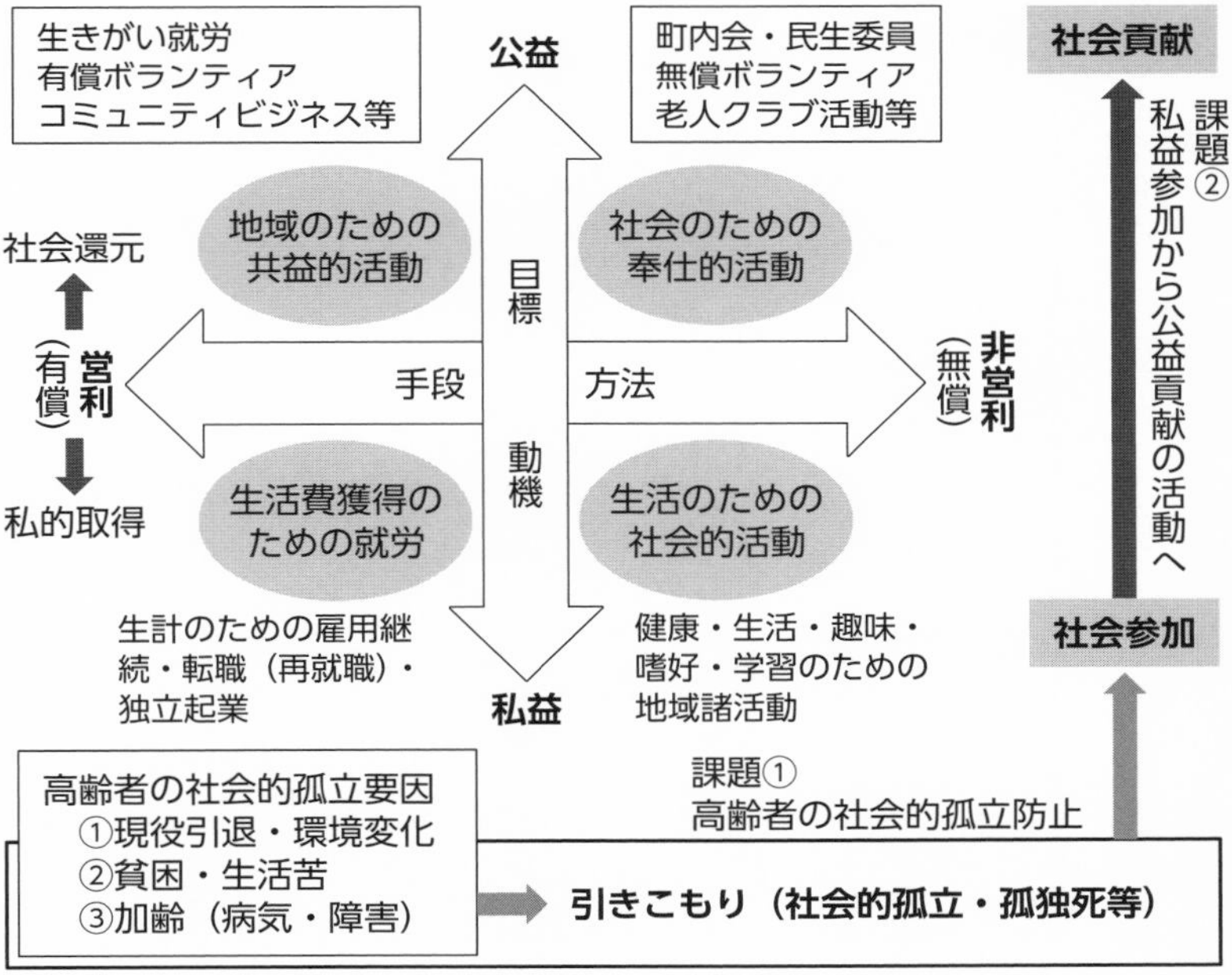

図20　高齢者の「社会参加」活動の類型と課題

なっている「組織」や「活動内容」を「考える・理解する」ための参考にして頂きたいと思います。それはまた「やりたいこと」「やれること」「やらねばならないこと」から出発する際でも参考になります。

最も多いのが「私益」と「非営利」の「社会参加」ですが、これは自分が活動費用を負担することになり、ある程度の収入がある方の「やりたい」「やれる」活動となります。これに対しての「私益」と「営利」の「社会参加」は年金だけでは生活できないからであり、「やらねばならない」活動となります。ただ「現役＝仕事」の継続という側面を持っており、「やりたい」「やれる」という側面もあります。

高齢者にとって「私益」とは「元気で自立した生活を送る」ためであり、それは「自助」の活動となります。しかし仲間たちと「助け合い・支え合い」を行えば「互助」にもなり、さらに「公益」を目指せば「社会貢献」にもなっていきます。ただ「私益」の「営利」活動としての「就労」は、「高齢者」にとって過酷なものとなり、その軽減のために「公助」による支援も必要になります。

私は過疎の山村で集落の人たちと「むらおこし」を始めましたが、私にとっては「非営利」「公益」活動で、集落の人たちにとっては「営利」「私益」活動になります。しかし集落の全員が参加して協力する活動でもあり、過疎対策として「互助」「公益」の面も持っています。私は老人クラブなどで昔の映画や流行歌を楽しんでもらう活動もしていましたが、大変喜んでくれて「お礼」として交通費程度をもらったこともあります。

つまり「非営利」が意図しない「営利」になる場合もあります。買い物に行けない高齢者を自分の車に乗せる「買い物ツアー」を行いましたが、「参加費300円は安すぎる」と自宅で栽培した野菜などを「お礼」として渡されました。最初は頂くことを固辞し、頂いた場合は「お返し」をしていたのですが、固辞すると「参加しない」と言われ、「お返し」をするとそれ以上のものを渡されることになります。

その繰り返しのなかで私が知ったのは、「相応のお礼をする」ことは「助け合い・支え合い」による対等、平等な関係をもとめているのであり、「助ける」という一方的な行為だけでは信頼関係は生じないことです。この点で私は「福祉」「介護」が提供する側から一方的に語られ、「福祉」「介護」の対象者から議論されることが少ないことが問題と思うようになります。

「生存」「安全」のためなら「助ける」だけでも良いのですが、「所属」「承認」の欲求充足のためには両者の対等平等の関係が必要です。それが欠落すると「助けられる」ことが「服従」「従属」の関係になると思われているようです。それが嫌だから「引きこもり」になり、「助けて」を「言わない・言えない」状態となり、「孤独死」に繋がるとも思うようになりました。

現代の日本社会では、「引きこもり」になっても「生きていける＝生存と安全の欲求充足」

は可能です。しかし「引き込もり」が長く続くと「生きていく」ことが嫌になってきます。そこで求められるのが「社会参加」であり、「助ける」「必要とされる」存在になることで「所属」「承認」の欲求充足が可能になります。そのためには「助け合い・支え合い」の関係を作り上げることが大切であり、それが「互助」となります。

それによって「自助」＝「問題解決のために努力」も進展していきますが、それだけでも限界があり、「公助」が必要となります。この点で問題なのは「政治家」の役割です。「政治家」の多くは住民に「自助」「互助」を促すより、「公助」による問題解決を政策に掲げ、その代償として選挙での自分への投票を呼び掛けているのです。つまり「公助」は政治家のためとなり、それが「自助」「互助」の活動を停滞させているのです。

実際、私が地域での活動で痛感したのは、住民の多くが「自助」「互助」の「地域づくり」の活動よりも、「政治家」を支援する選挙活動を重視していることです。「政治家」が「高齢者」のために「公助」を求めることは歓迎すべきですが、それを政治活動に組み込み、支持者の囲い込みに利用されると問題です。これは「非営利」で「公益」の町内会・自治会の活動が、「行政」の下請けとしての利用されていることにも繋がります。

高齢者の「公益」「非営利」の活動が「政治」「行政」に利用されるだけになると、「社会貢献」と言えなくなってしまいます。「私益」「営利」の活動でも、「経済」における「企業」との違いや関係の持ち方が問題となります。大切なことは、高齢者が「生存」「安全」だけでなく「所属」「承認」の欲求を充足させることであり、安価な労働力として「企業」「行政」「政治家」に利用されることは避けるべきです。

このように高齢者の「社会参加」は「生活」と、「政治」「経済」の間に位置し、「政治」「経済」に利用されるだけだと「生活」は苦しくなります。しかし「政治」「経済」を上手く利用すれば、「生活」を豊かにすることも可能になります。大切なのは、それぞれの状況に応じて臨機応変に対応することであり、それによって高齢者の「社会参加」が「社会貢献」になっていきます。

WHOの「健康」の定義と「病気」との「せめぎ合い」

「元気で自立した生活」を送っていた高齢者も、加齢に伴って「今までできていたことができなくなる」ことを体験し、自分の「健康」に対して不安を感じるようになります。それは「老化」によるものですが、その特徴は「動作の緩慢化」「刺激への反応の遅れ」「免疫力の低下」となります。それは必然であり受け入れるしかないのですが、「老化」の程度の個人差は大きく、進行を遅らせることは可能です。

それが「老化への対応」としての「健康の維持」となりますが、そこで「健康とは何か」について考えてみます。世界保健機関（ＷＨＯ）によれば、「健康とは身体的・精神的・霊的・社会的に完全に良好な状態であり、たんに病気あるいは虚弱でないことではない」となっています（**表4**）。私は、この定義を知った時、「身体」だけでなく「精神」「霊」「社会」まで含んでいることに驚きました。

「身体」だけでなく「精神」まで含むことは理解できますが、「霊」や「社会」まで「健康」に含まれることには戸惑いました。さらに「完全に良好な状態」「病気あるいは虚弱でないことではない」という表現にも困惑しました。しかし「病気」と「健康」の双方を抱えながら生きているのが人間だと考えると、人間には完全に「健康な人」も「病気の人」もいないという点には同感しました。

そして「病気と闘いながら、健康を維持している」のが人間であれば、私が介護している障害者の妻も「健康」になれると思い、ＷＨＯの「健康の定義」に納得しました。しかしこの定義は、「高齢者」の「健康」「福祉」「医療」「介護」に関わる人たちには不評なようです。なぜなら彼らの「仕事」は、**図21**のように対象者が「健康であるか」か「病気なのか」で分かれるからです。

1999年
Health is a dynamic state of complete physical, mental, spiritual and social well-being and not merely the absence of disease or infirmity.

健康とは身体的・精神的・霊的・社会的に完全に良好な動的状態であり、たんに病気あるいは虚弱でないことではない。

dynamic…人間の健康は動的なものであるということ
spiritual…精神的なもの以外の霊的な要素も考慮

1948年
Health is a state of complete physical, mental and social well-being and not merely the absence of disease or infirmity.

健康とは身体的・精神的・社会的に完全に良好な状態であり、たんに病気あるいは虚弱でないことではない。

表4　WHO健康の定義

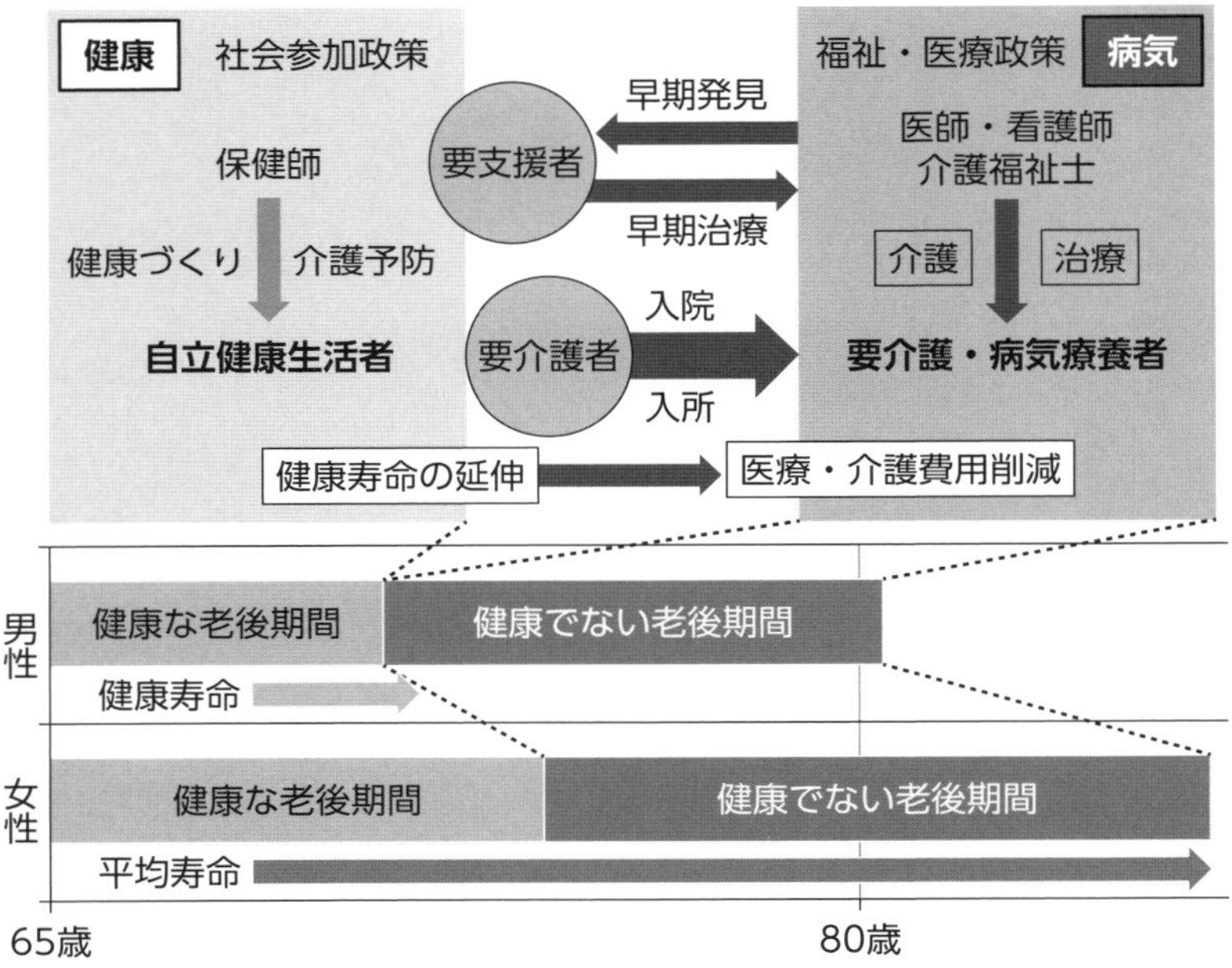

図21　高齢者の「社会参加」と「福祉」「医療」の政策

私自身も、自分が「病気」と思えば薬を飲み病院へ行くが、「健康」と判断すれば何もしません。その結果、他人も「健康」と「病気」に分けて認識しようとします。自分は「健康」と思っている人だけで集まり、「病気」の人は「医師」や「看護師」等の専門家に任せ、自分はかかわらないようにするのです。それが「病気」や「要介護」の人たちへの差別や排除に繋がっていきます。

「カラオケ」は認知症の予防に効果があります。そこで「カラオケ」サークルのリーダーに「認知症」が疑われている人を参加させる取り組みを依頼したことがあります。すると「自分たちの活動と認知症を一緒にしてくれるな」とすごい剣幕で叱られました。以前、そのような呼びかけをすると参加者が一挙に減ったことがあるそうです。認知症が心配なら専門家の所に行くべきであり、自分たちはかかわりたくないそうです。

ゲートボールを楽しむグループで参加しなくなった仲間が出ても、「入院した」「施設に入った」と聞いて「可哀想に」と呟くだけで、見舞いや面会に行くこともしないグループは多いのです。だから自分が「病気」や「認知症」の気配を感じても、それを隠すことになります。もし気付かれると仲間から排除されることが怖いので、自分は「健康だ」と言い聞かせているのです。

しかし私は「健康」と「病気」が体内で「せめぎ合っている」のが人間であると思っていま

す。それがＷＨＯの「健康」の定義であり、自分なりに解釈することで、**図22**を作成しました。右上に「病気」、左下に「健康」があり、両者の「せめぎ合い」で「病気」と「健康」の比率・優位性が異なってきます。それによって「健康」と「病気」の判断がなされますが、完全に「健康」な人も「病気」の人もいません。

ただ「医療」の専門家は体内の「病気」を見つけて治療することが仕事であり、そこに集中することで「病気」を治してきました。それが「疾病生成医学」であり、「感染症」の治療で大きな成果を挙げることで、これまでの「医学」の中心を担ってきました。しかし「疾病生成医学」は、がんや脳・心臓疾患などの「生活習慣病」の治療や予防では苦戦することになります。

なぜなら「生活習慣病」とは日常の生活習慣の中で「体内の組織が変質する」ことで発症するものであり、体内の「免疫細胞」の機能低下で引き起こされるからです。「外から病原菌」が侵入することで発病する「感染症」とは明らかに異なるものです。「生活習慣病」の予防と治療には「生活習慣の改善」による「免疫力の強化」が必要なことが解明されると、「医学」は大きな転換を迫られます。

その結果、「なぜ、健康を保つことができるか」を解明する「健康生成医学」が注目されるようになり、「免疫力」を活用した「生活習慣病」の治療が試みられることになります。この

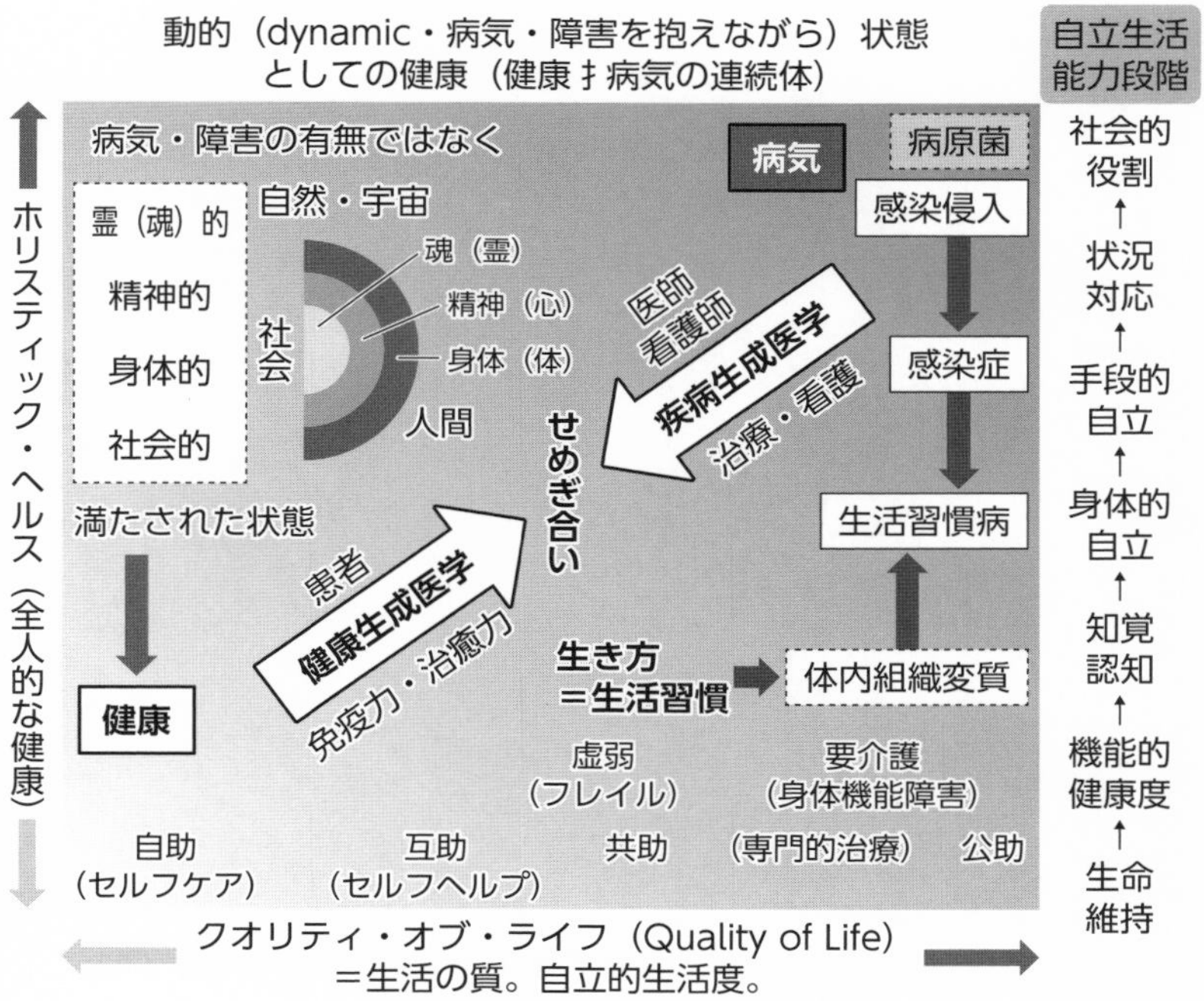

図22　WHO健康の定義の発展図

「疾病生成」から「健康生成」への研究の重点移行は「医学におけるコペルニクス的転換」とも言われており、「免疫力」は「病気の治療」だけでなく「老い」の予防にも効果があるとされています。

「免疫力」による「老化」の抑制と「介護」の支援

私が「免疫力」に関心を持ったのはアメリカの著名なジャーナリストであるノーマン・カズンズが医師から見放された膠原病を自らが考案した療法で治したことを知ってからです。その中に「笑い」があり、それが「治癒力」を高めるのが立証されたのです。さらに「有効成分が含まれていない偽薬であっても、症状の改善がみられる」という「プラセボ効果」があり、医師や薬剤師の間では常識であることにも衝撃を受けました。

それまで私は「病気」は薬や医師の治療でしか治せないと信じていたので、人間には「生まれながらにして持っているケガや病気を治す力・機能」として「自然治癒力」があることに驚いたのです。そして現代の最新医療でも治せない「がん」でも「自然治癒」の事例があり、その存在が知られているにもかかわらず研究がされていないことに疑問を抱くようになります。

「自然治癒力」とは「身体の機能のバランスや秩序を正常に保つ＝恒常性維持機能」「外傷を負った時、それを治す＝自己再生機能」「外部から侵入したウイルスや細菌、内部発生の変質細胞と闘う＝自己防衛機能」の三つとなっており、その中心が「病原体などの非自己物質を認識し、排除する生体防衛」としての「免疫系」であり、それは血液の流れで機能発揮し、さらに「生活習慣」や「心の持ち方」によっても変化するようです。

また「免疫」には「先天的」と「後天的」があり、体内に毎日3000〜5000個も発生するがん細胞も、これによって排除されています。ちなみに風邪が治るのは免疫の働きによるものであり、風邪薬は症状を緩和するだけです。現代の最新の医学・科学でも分からないことは多くあり、それを「知る」ことに意味があると思いました。そして「分かっている」ことを知り、未知な部分を自分で考えてできることをしようと決意しました。

それは「くも膜下出血」で倒れ、医師から治療できないと告げられていた妻を介護している中で、私が考えていたことでもあります。「治療できない」「完治しない」と分かっていても、妻を元気にして麻痺して動かない部分は「免疫力」の強化によって少しでも動くようになるかもしれないと考えたのです。「できないことを悔やむ」より、「できることを探し、行うべき」と思ったのです。

「免疫力」は、**図23**のように加齢によって変化していきます。20歳頃がピークであり、40歳

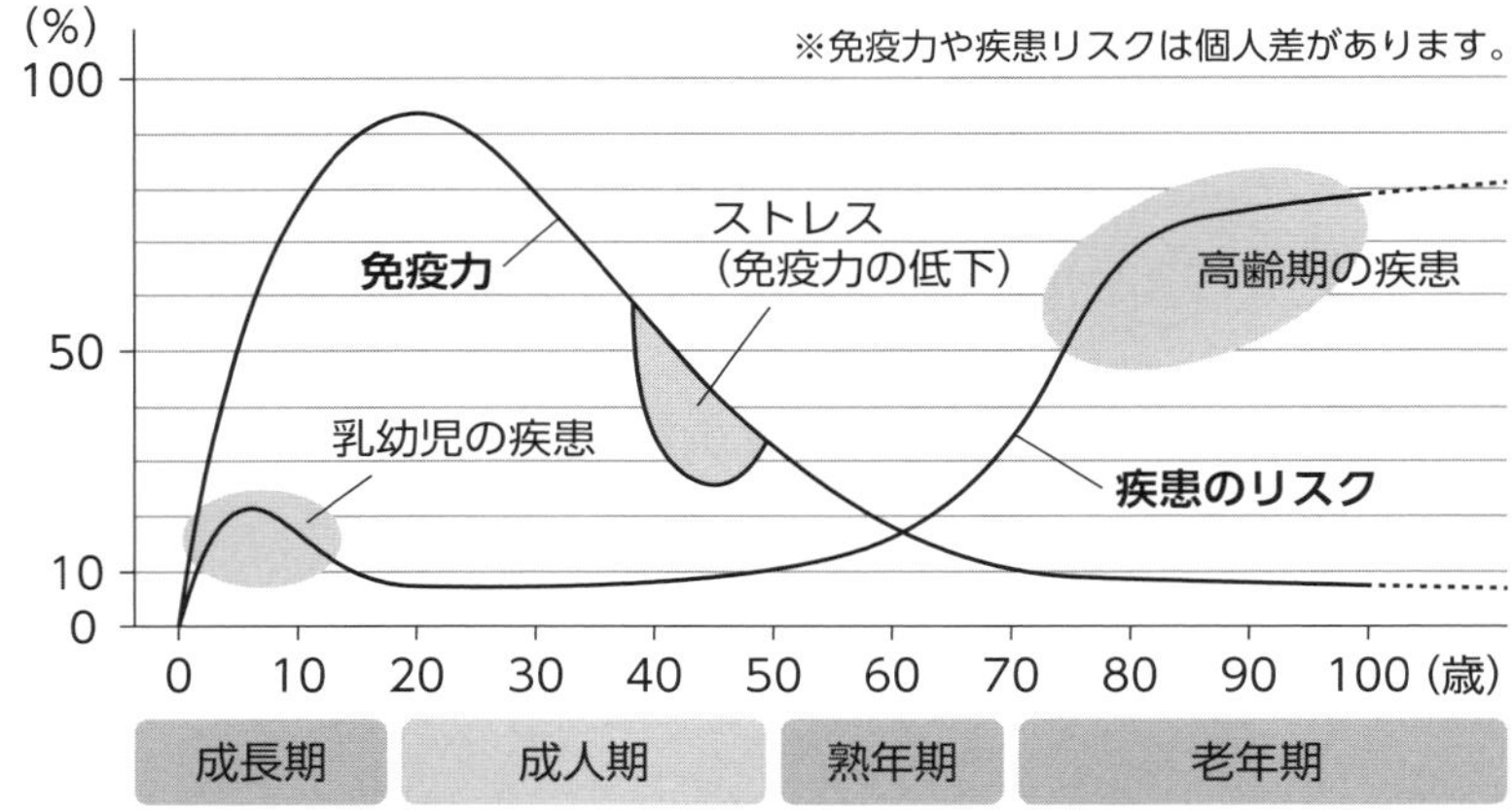

◎「病気に強くなる免疫力アップの生活術」著・廣川勝昱(家の光協会)を参照しメディカルテラスにて作成

出所:健康と病気、医療、医薬の情報プラットホーム、メディカルテラス

図23　年齢と免疫力

頃には半減して、70歳になると10分の1になる場合もあるようです。そして「免疫力」は「ストレス」によって一時的に低下しますが、若い頃は回復が早く、加齢によって回復は遅くなっていきます。そして「疾病」のリスクは「免疫力」が低下した「高齢期」になると高くなります。

さらに「免疫力」は、**図24**のように「適度な運動」「よく笑う」「ポジティブな思考」「身体を温める」「食事」によって高まることが明らかになっています。そして「加齢」「睡眠不足」「昼夜逆転生活」「疲労」「精神的ストレス」「ネガティブな思考」は「免疫力」を低下させるようです。これを知ることで私たち高齢者は「生活習慣の改善」に努め、「心の持ち方」に気を付けることができます。

これを知ったからといって、妻の病気が治る訳ではありません。しかし妻を励まし・喜ばせることが「免疫力」を高めることを知り、「介護」には役立ちます。そしてまた私も、これを知ることで自分の「免疫力」を維持し、高めるような「生活習慣の改善」に努めるようになりました。しかし、その限界も知ることで、薬を飲み病院に行くことも続けています。そして、その判断こそが「自己責任」としての「自助」になると思っています。

「免疫」とは「身体」だけでなく「精神的」や「社会的」な「健康」にかかわり、さらに「生きがい」という「霊的」な「健康」も良好にするようです。それは「介護する人」も「介護さ

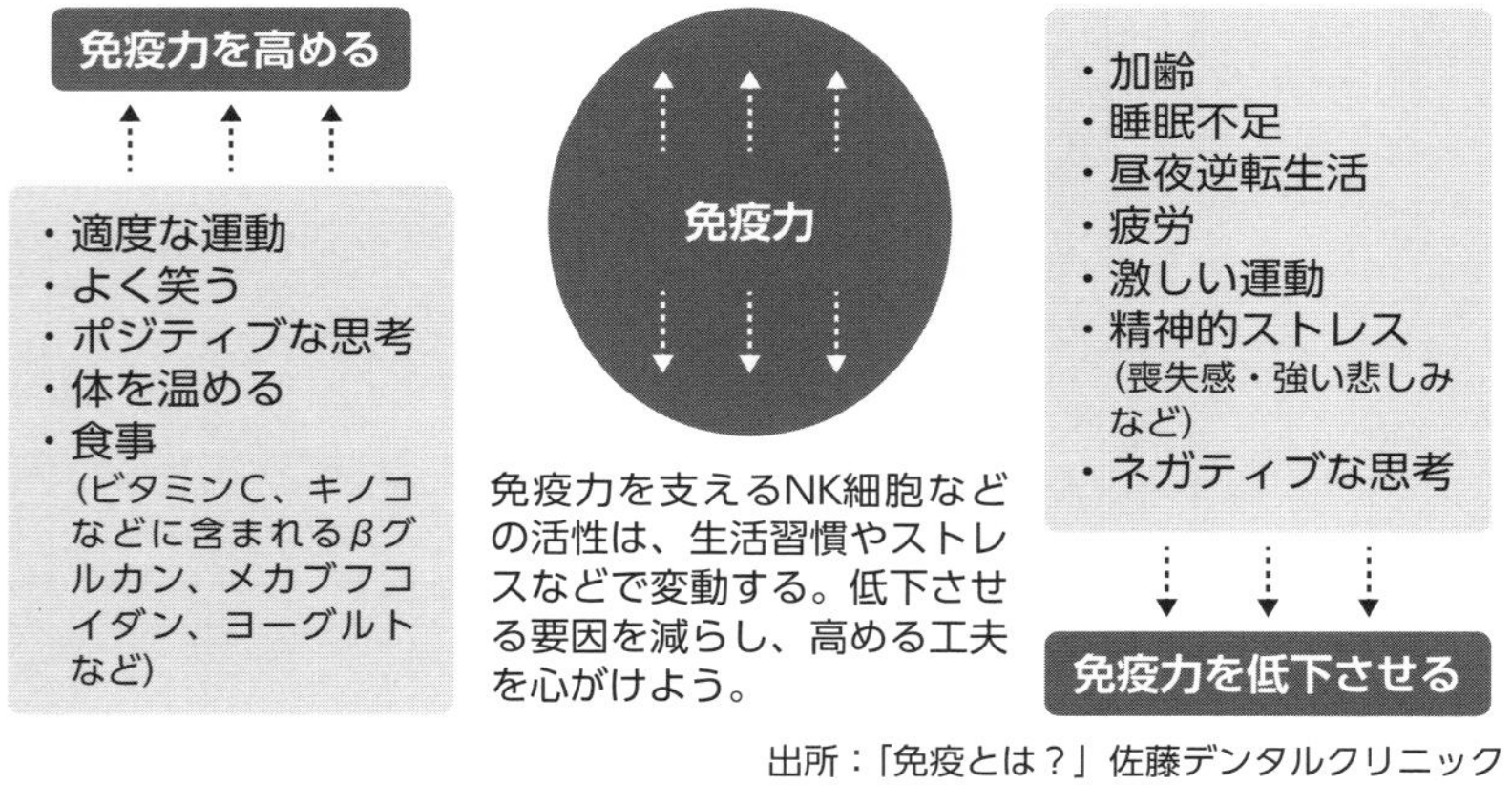

（ビタミンC、キノコなどに含まれるβグルカン、メカブフコイダン、ヨーグルトなど）

免疫力を支えるNK細胞などの活性は、生活習慣やストレスなどで変動する。低下させる要因を減らし、高める工夫を心がけよう。

・激しい運動

（喪失感・強い悲しみなど）
出所：「免疫とは？」佐藤デンタルクリニック

図24　免疫力を高める生活習慣と心の状態

れる人」も「幸せ」にすることに繋がります。そこに必要なのが「愛情」であり、「治癒力」「免疫力」を高めると思います。それは「介護」の場合、「心の介護」となり、「高齢者学習」の課題にもなると思います。

この点で高齢者に必要となるのが「介護のされ方」の学習です。「介護される人」と「介護する人」の間で必要なのは「愛情」であり、そのために「介護される」可能性が高い高齢者は「どうすべきか」を今から考えておくべきです。「介護する人」に感謝し、その負担を軽減する方策を考えていれば、「介護する人」の心身両面での負担を軽減することになります。そのためには最も効果的なのが、自分が「介護する」ことになります。

夫婦の場合、夫が妻への「愛情」を欠いていれば、妻が行う夫の「介護」は「仕返しの介護」となります。しかし妻が「要介護」となり、夫が反省して行う「介護」になれば、それは「つぐないの介護」となる場合もあります。夫婦の間に「愛情」があれば「良い介護」となり、なければ「悪い介護」となります。今からでも遅くないので、高齢の夫婦の間で「愛情」を確認し、それを育てる努力を始めるべきです。

「老年的超越」と「死の迎え方」「看取りのされ方」

「超高齢期」になると同じ年頃の親しい友人の訃報に接することが多くなり、「介護」が必要な状態になる者もいて、「自分が死んだ後のこと」や「自分が死んでも変わらないこと」への関心が強くなるようです。それは「老年的超越（gerotranscendence）」と呼ばれており、「物質主義的で合理的な世界観から、宇宙的、超越的、非合理的な世界観への変化」とされています。

この「老年的超越」は、最近の高齢者研究で最も関心を集めているテーマであり、世界各国での調査・研究によって民族や宗教などの違いを超えて共通して見られるとされています。その特徴は、身体が動かなくなり・寝たきり状態になっているにもかかわらず、「自分は幸せであり、恵まれている」と周囲に「感謝している」ことにあり、「主観的幸福感」の高さとなります。

図25のように「高齢者」になると、加齢によって「運動機能」「認知機能」は確実に低下していきます。ところが「老年的超越」によって「幸せ感」は逆に向上していきます。なぜ、この

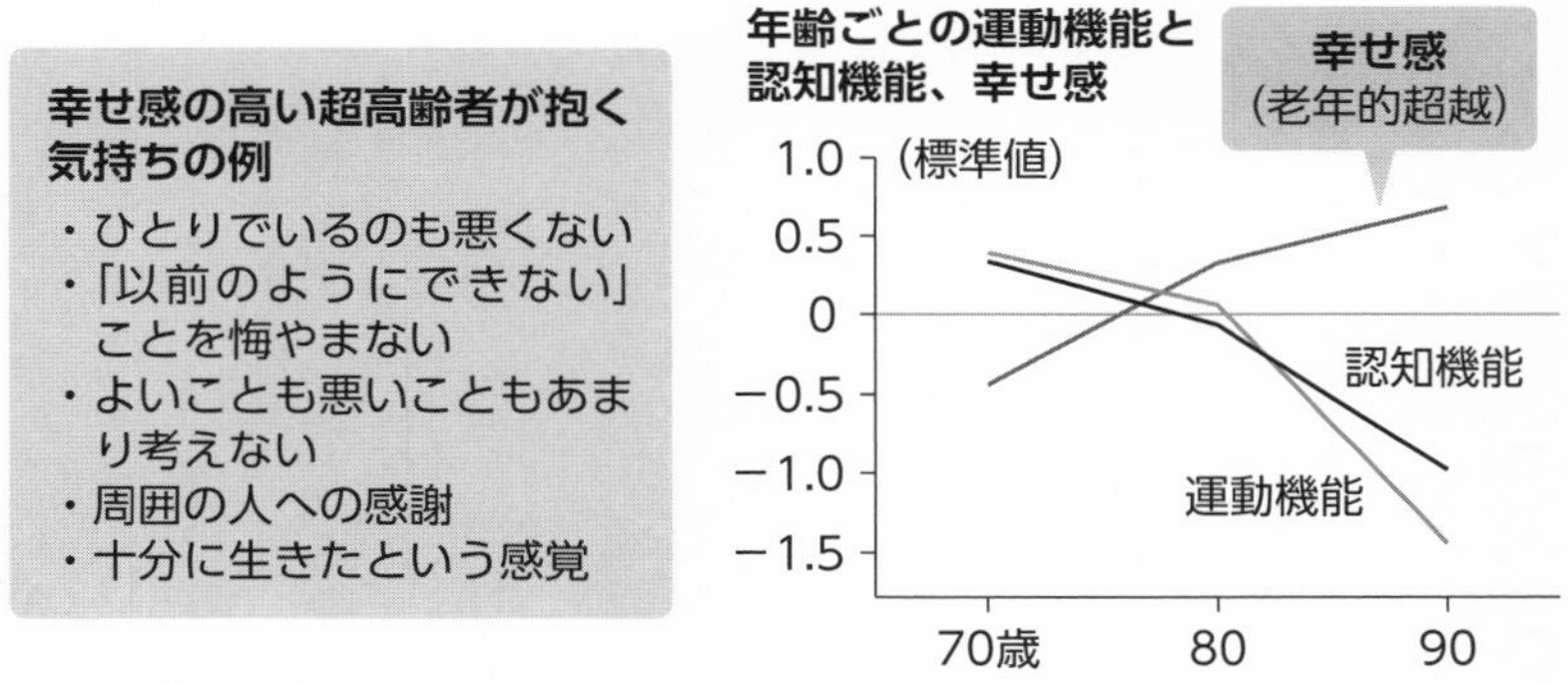
幸せ感の高い超高齢者が抱く気持ちの例
・ひとりでいるのも悪くない
・「以前のようにできない」ことを悔やまない
・よいことも悪いこともあまり考えない
・周囲の人への感謝
・十分に生きたという感覚
年齢ごとの運動機能と認知機能、幸せ感
幸せ感
(老年的超越)
(標準値)
1.0
0.5
0
−0.5
−1.0
−1.5
認知機能
運動機能
70歳
80
90

図25　「高齢期」の「幸せ感」と「運動機能」「認知機能」の推移

ような現象が生じるかについては、研究が始まったばかりであり、不明です。ただ考えられることは「宗教」の影響であり、信仰によって「老い」や「死」への不安が軽減されているというものです。

しかし日本における「死生観」の調査では、**図26**のように「死後の世界はない」「死んだら無になる」が最も多く、それに続くのが「先祖が見守る」「生まれ変わりはある」「霊魂は残る」となっており、特定の宗教への帰依を示す「天国・来世がある」という回答は最も少なくなっています。これは日本における特定の「宗教」の影響力の低さと、日本固有の「死生観」によるものと思われます。

そして、それは「誰も知らない死後に振り回される」ことなく、「死」までの期間を「自由に生きる」ことに繋がり、「高齢期を生きる」ための有利な環境と言えます。そもそも「死」とは人生の最後の到達点であり、それを体験した人はいません。「体験した」と言っている人がいても、その直前までの体験を述べているか、あるいは勝手に想像しているだけです。

大切なことは「死」が訪れるまでの「生き方」です。この点で「死後の世界」について多く語ってきた「宗教」との向き合い方が問題となります。「信仰」は自由ですが、どの宗教を信仰するかは、そこで説かれている「どう生きるか」の内容で評価・判断すべきです。絶対的な存在としての「教祖」がいて、自由な「生き方」を否定し、カネを出させる「宗教」であれば

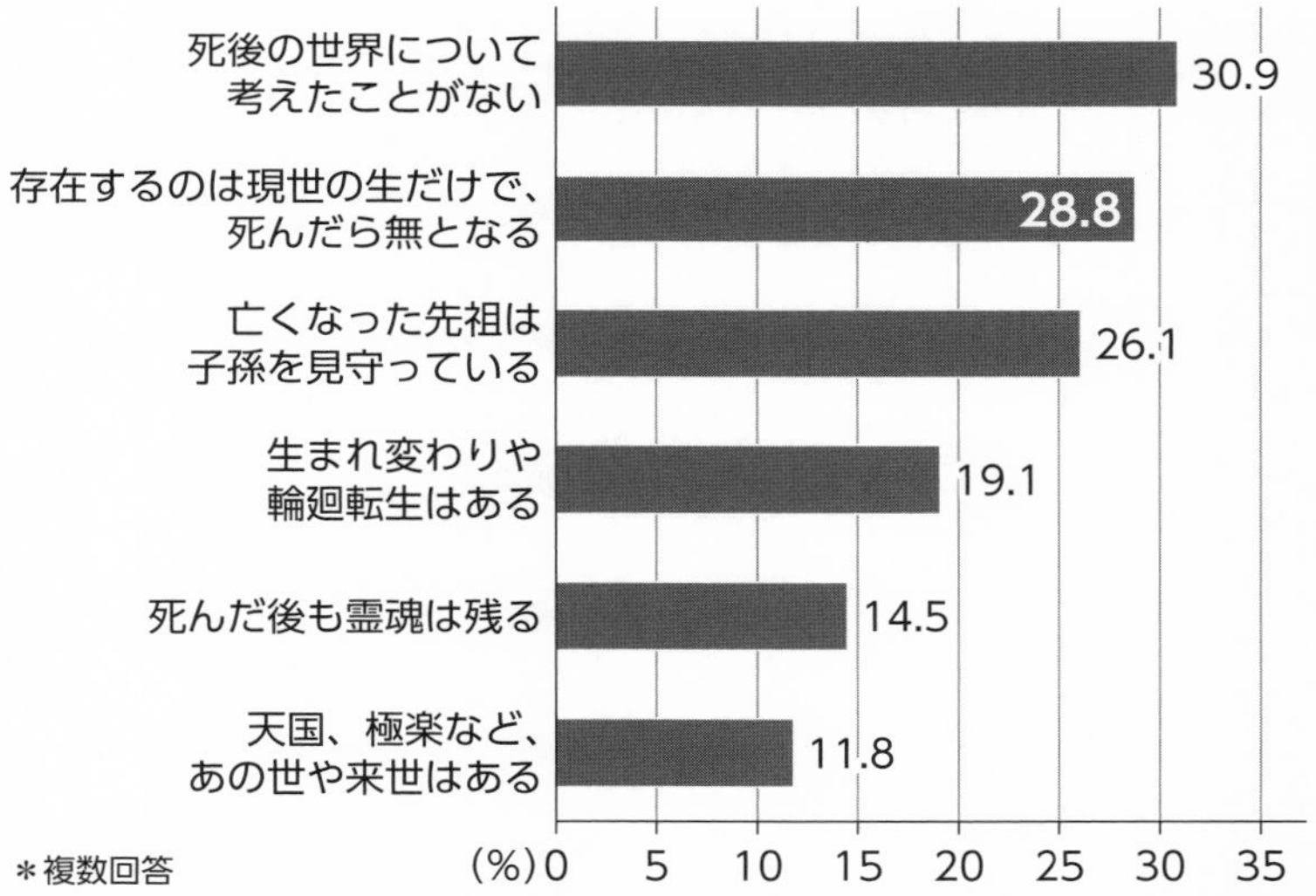

出所：「どう生きますか　逝きますか　死生学のススメ」週刊ダイヤモンド、2016年8月6日号

図26　死後の世界を信じるか（死生観一万人調査）

警戒すべきです。

大切なことは「死」に至るまでの「生き方」であり、それに役立つのであれば「宗教」は必要です。しかし「人間」や「死」について深く考えれば、「宗教」がなくても「生きる」ことはできます。そこで「死」についての研究の現状と到達点を調べてみると、「死」には「生物的な死（death)」と「人間の行為としての死（to die)」の二つの定義があり、後者が「死を対象とする学際的研究」として「死生学」となります。

日本では２００９年から「終活」がブームとなり、翌年には新語流行語大賞も受賞しています。しかし「死生学」や「死の科学」との繋がりは希薄のようです。**図27**のように「死までの準備」として重視されているのは「モノを引き継ぐ」ことであり、「想いを引き継ぐ」や「自分のエンディングを考える」ことへの関心は希薄であり、最も大切な「今をより良く生きる」まで到達するに至っていません。

私は、「死」とは「目を背け・脅えている」と「近づいてくる・追いかけてくる」が、それを「見据え・受け入れ・立ち向かう」ようになると「遠ざかる・逃げていく」と考えています。なぜなら「死」を考えれば「残された時間」の大切さを感じるようになり、「生きる」ことに「使命感」を持つことで、困難を跳ね返す「逆境力」が強くなります。この点で「長寿」の「心理的要因」として「老年的超越」は重要です。

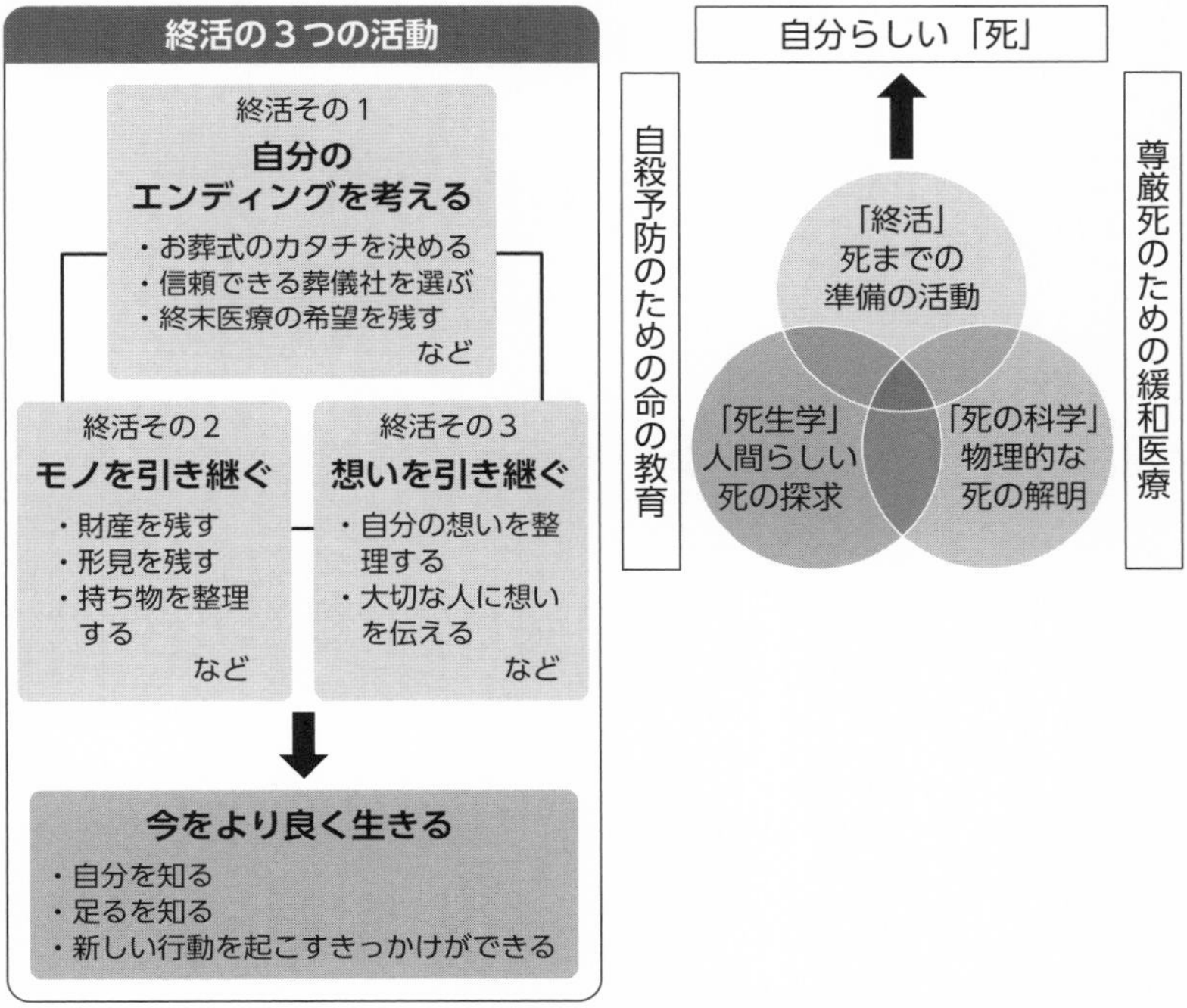

出所：「終活とは～終活の必要性～」終活相談ドットコム

図27　「終活」と「自分らしい死」

なぜなら「主観的幸福感」は「老い」に対する「嫌悪」や「死」への「恐怖」を和らげるからです。「ひとりでいる」ことを「自由」と捉え、過去と比較して「悔やまない」「できる・できない」に「こだわらない」ことになります。そして、周囲への「感謝の気持ちを持ち続ける」こと、「十分生きた」という「達成感をもつ」ことは「高齢期を幸せに生きる」ための秘訣ともなります。

おわりに　「友愛」を基本理念とする社会をめざして

「なぜ、私たち高齢者は、家族や社会に『迷惑』『負担』をかけながら、生きているのか？」この疑問が、この本を書く動機でした。高齢者になると、嫌でも「老いの進行」と「死の接近」を実感することになります。「老いの進行」とは「以前できていたことができなくなる」ことであり、「死の接近」とは「これから何年、自分は生きられるか」を考えることです。

これは決して楽しいことではありません。自分が「生きる」ためには「老い」と「死」に立ち向かうことが求められます。それは人間の本能のようなものです。その時、自分に力を与えてくれるのが「家族や社会から必要とされている」という実感です。私の場合は、介護している妻の存在でした。障害者となり、最後は認知症になった妻ですが、「妻より先に死ねない」という思いが自分を支えていました。

高齢者にとって「必要とされる」ことが「生きる意欲」の支えになります。それを「社会参加」の中で感じると元気が出ます。しかし現代の日本社会は高齢者を嫌悪する社会的風潮の広がりで、高齢者から「生きる力」を奪おうとしています。それが「高齢者とは、家族や社会に迷惑をかける」という社会認識であり、そこから「なぜ、私たち高齢者は生きているのか」という疑問が湧いたのです。

高齢者について調べていく中で、「長い高齢期」とは人間特有なものであり、人間以外の生物は「老い」と共に「死」が訪れるようです。そして他の生物と比較して身体能力で劣る人間が「種」として存続・繁栄できたのは、「助け合い・支え合い」がなされたからであり、そこで高齢者が大きな役割を果たしていたことを突き止めました。つまり高齢者が必要だったから、人間に「長い高齢期」が生じたのです。

これで私が抱いた疑問の半分は解けました。しかし疑問の半分は残ったままです。それは、近代になって高齢者が次第に「社会」から「必要とされなくなった」からです。その要因について自分なりに本書で考察していますが、疑問の解消は「高齢者を必要とする社会」になった段階で可能になります。だから本書で書いていることは試案であり、みんなで考えてもらうための問題提起にすぎません。

高齢者は「生涯現役」を目指し「働き続ける」べきか、それとも早期に「引退」して「第二の人生を目指す」べきかは、私の中で疑問のままです。それを解決するために、本書では「生活」も「社会」として認識し、そこで高齢者は「必要とされる」ことを目指すべきとしています。それは「政治」や「経済」だけが肥大化し、「生活」が貧弱なまま放置されている現代社会への批判となっています。

さらに私の中で疑問のまま残っているのが、現代の若者中で高まっている「所属と承認の欲求」の充足方法です。それは社会問題の解決の手法として「自助」「互助」「公助」の役割分担、連携の問題に繋がります。本書で私は「互助」を重視しており、「自助」と「公助」だけを求める現代社会の支配的風潮を批判しています。なぜなら「互助」とは「愛情」を媒介とした人間関係でなされるからですが、それも試論のレベルにとどまるものです。

私は研究者・教育者として「愛情」の重要性を指摘してきました。社会科学の研究者の中では、「愛情」に触れるだけで異端児とした扱われてしまいます。ですが私は、近代社会の幕開けとなった「市民革命」での「自由」「平等」「友愛」という三つの理念の中で「友愛」を重要視しています。「自由」は「市場経済」、「平等」は「国家」の「福祉政策」で追及されたが、「友愛」は放置されたままだからです。

私は、「友愛」とは「生活」のなかでの「愛情」であり、「愛情」は人間が「生きる＝生活」のために必要不可欠であると思っています。そして「愛情」の欠落が「高齢者を必要としない社会」を作り出していると考えています。そして「生活」を「社会」と認識して研究が進められれば、「愛情」は「宗教」と切り離され、科学的考察がなされると確信しています。

しかし、これも試論にすぎません。「高齢者学習」において「愛情」をテーマとした議論がなされることを期待しています。そのためには「社会科学」と「自然科学」を結合させた「人間科学」の確立が必要となります。でも、それを期待するだけでは高齢者が「どう生きるか」の議論は進みません。そこで最後に「人間科学」を目指す心理学における最新の研究を紹介することにします。

高齢者にとって「必要とされない」ことは「生きる意欲」を損なうものであり、「心の傷」になります。それは英語で「トラウマ（trauma）」と呼ばれ、様々な要因による「PTSD（心的外傷後ストレス障害）」の発症が社会問題となっています。そこで注目されるのが「がん体験後の患者のポジティブな心理的変容」の研究・調査で解明されている「心の傷」を癒す「PTG（心的外傷後成長）」です。

それは重病など人生の困難な状況と闘うことで獲得しうる「心の新たな成長」とされており、「死」を覚悟する中での「残された時間の大切さ」の認識、それによる「使命感」の獲得や「逆境力」の発揮、「他者との関係」での「感謝」の気持ちの重要性が指摘されています。さらに、それは「お金」や「社会的地位」よりも「家族や友人・近隣の人たちとの絆」を重視する価値観の変容にも繋がるようです。

最近の脳科学の研究によれば、それは「幸せホルモン」と呼ばれる「セロトニン」「オキシトシン」「ドーパミン」「エンドルフィン」等の脳内の神経伝達物質の分泌でもたらされるようです。これは心理学における「がん患者」の意識の変化の研究から提起されたものですが、私たち高齢者にとって「老年的超越」という「多幸感」「主観的幸福感」の解明に繋がります。

私たち高齢者だけで「社会」を変えていくことは困難です。高齢者は「社会や家族から必要とされない」ことを経験しており、その「痛み」を「愛情」に変えることで「異質・多様性」を理解し共存する能力も持っているはずです。それによって「家族や社会に役立つ」ことができれば、高齢者は「社会で必要な存在になる」ことが可能です。そして「多幸感」「主観的幸福感」に包まれた「生活」が送れるようになるのです。

【参考資料】

「恋」と「愛」について考える！

☆「恋」…恋い焦がれること。求める気持ち。「むさぼり合い」の関係。
　「愛」…愛おしく思うこと。相手を大切にしようとする心。「つくしあい」の関係

☆「恋」する…自分の欲望を満たすために、相手に「愛されたい」と願うこと。
　　　　　　「求める」だけなので、誰でも「恋する」ことは出来る！

　「愛」する…相手に「つくす」ことであり、努力と献身・自己犠牲が求められる。強い人間でなければ「愛する」ことは出来ない！

☆西欧における「愛」の意味と定義（英語 love　フランス語 amour）
　①「無償の愛」（アガペー）…「真の愛」「神の愛」
　②「隣人愛」（フィーリア）…「友愛」
　③「家族愛」（ストルゲー）…「親兄弟・夫婦の愛」
　④「性愛」（エロス）…「異性」への愛

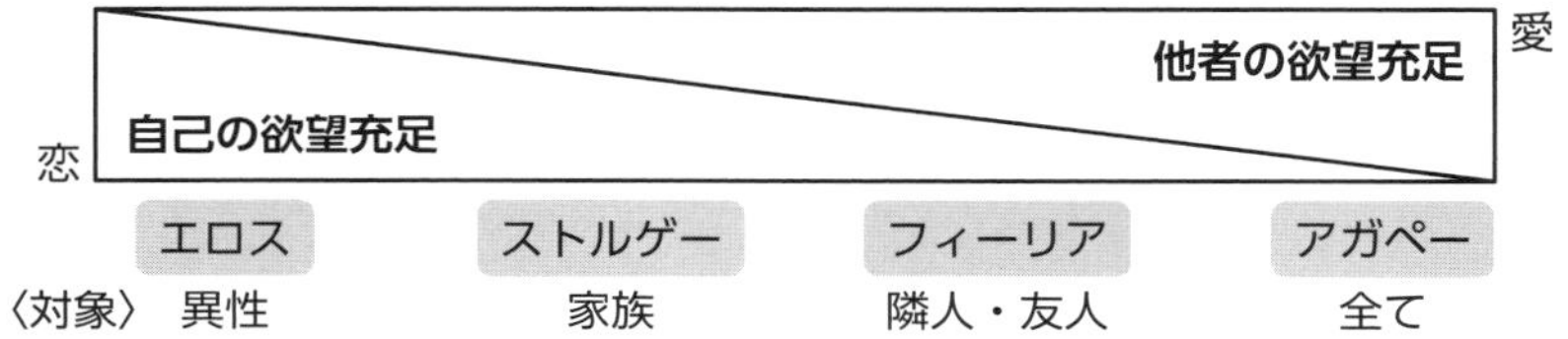

☆「愛」とは？　英語love　フランス語　amour
　①相手をかけがえのないと認め、慈しむ心。相手のために良かれと願う心。愛情。
　②異性に対して抱く思慕の情。恋。
　③大切にすること。かわいがること。めでること。

☆日本語としての「愛」
　〈古語〉愛（かな）し。相手を「愛おしい」「可愛い」「守りたい」という思いを抱くさま。

　〈近代〉西洋からのlove amour等の語義の導入→「キリスト教的な愛の概念」「ギリシャ的な愛の概念」「ロマン主義小説の恋愛至上主義での愛の概念」の混在。

☆古代ギリシャ・キリスト教での愛
　①ストルゲー…キリスト教→家族愛　古代ギリシャ→風・火・水・土を結合させる愛
　②エロス…キリスト教→性愛　古代ギリシャ→自己を充実させる愛
　③フィーリア…キリスト教→隣人愛・友愛　古代ギリシャ→友人の友人に対する愛
　④アガペー…キリスト教→真の愛（無条件）　古代ギリシャ→他よりも優遇する愛

☆仏教での愛→トリシュナー（根源的な欲望・渇き＝渇愛・恩愛・煩悩・貪欲）
カーマ（性愛・性的本能の衝動・離れがたく思う男女の愛・愛欲）
※慈悲…他人に対する隔てのない愛情。衆生に対する純化された想い（心）。

☆現代日本の「恋愛」事情…「自己の欲望充足の排他的な追求」による「恋」と「愛」の混同。
相互の欲望充足の合致としての「恋」の成立→互いの欲求の違いの露呈・顕在化→「恋」の破綻・終焉→新たな相手探しと「恋」の成立・破たんの繰り返し。
※結果としての「恋愛」における「勝者」と「敗者」への二極化。
「敗者＝恋愛弱者」における「自信喪失」→自分が傷つくことへの敏感さ（萎縮・諦め）。

「勝者＝恋愛強者」における「自信過剰」→他者が傷つくことへの鈍感さ（驕り・攻撃）。

☆社会背景としての「自己中心主義」（国家による抑制への「反発」と反動としての「依存」）。
「自己の欲望充足」→「他者の欲望充足」との矛盾・対立→強者の欲望充足の優先→弱者への「いじめ」「虐待」→弱者＝敗者の「自己否定感情の肥大化」→「不登校」から「引きこもり」へ→「自己否定」としての「自殺」と「他者攻撃」としての「犯罪」の二極化。
※「強者（国家・企業）」への「依存」と「庇護」を求める「弱者（国民）」間の「生存競争」。

☆「愛情欠乏」→「生活システム」での問題発生→「カネ」と「権力」による問題解決の方策。
その結果→「政治」「経済」システムの肥大化と「生活」システムの機能低下・弱体化。
※「政治」…秩序維持と基盤整備が目的。国家（権力）をめぐる人間（社会）関係が特徴。
「経済」…生活手段の生産と分配が目的。企業利益（金銭）をめぐる競争関係が特徴。

「生活」…生命の生産と再生産が目的。家族・地域での「愛情」による人間関係が特徴。

【著者略歴】

小櫻 義明（こざくら・よしあき）

1945年、広島県生まれ。1974年、京都大学大学院経済学研究科博士課程単位取得退学。大学での研究分野は「経済学　地域政策論」。同年、静岡大学人文学部経済学科へ赴任し、「静岡地域学」を生涯のテーマとする。以来、専門分野にこだわることなく、アカデミズムに背を向け、自治体の政策・施策・事業の研究調査を行い、静岡県や静岡市などの自治体の各種の委員も数多く歴任。

地域住民による「地域づくり（まちづくり・むらおこし）」にも強い関心を持ち、静岡県内の地域づくり団体の交流や、先進事例の視察・調査を行い、助言者・講師としても活動。さらに自らの講義内容を実践に移すべく、静岡市の過疎山村の限界集落で住民と共に「むらおこし」も始める。2007年、妻や妻の母の介護を行うため、大学を早期退職。地域の民生委員・児童委員を３期（12年）務め、地域福祉のボランティア活動や高齢者向けの活動に従事する。

定住する過疎集落では、地元野菜の販売やソバなどの軽食を提供する「磨墨庵」（現在は営業停止）の運営や、農家の自宅の縁側でお茶とお茶請けを提供する「縁側お茶カフェ」を企画。車の運転ができない高齢者を対象にした「買い物ツアー」や「出前福祉朝市」、老人クラブでの「懐メロ・映画サロン」なども実施する。妻の死後、２年間は引きこもり状態だったが、現在は回復し、自身の研究の取りまとめを行っている。主な著書に『介護恋愛論』（日本医療企画）がある。

●装幀デザイン・本文デザイン・DTP：株式会社明昌堂

「高齢期」を私たちはどう生きるか
――「老い」と「死」を見据えながら、「社会」とかかわる

2024年5月27日　第1版第1刷発行

著　者　小櫻義明
発行者　林　諄
発行所　株式会社日本医療企画
〒104-0032　東京都中央区八丁堀3-20-5
S-GATE八丁堀
TEL　03-3553-2861（代）
http://www.jmp.co.jp/
印刷所　図書印刷株式会社

ISBN978-4-86729-307-2 C3036

定価はカバーに表示しています。

■ JMP 選書 02

介護恋愛論

――愛する心を持ち、愛する技術を磨く

小櫻 義明（静岡大学名誉教授）

■体　裁：B6 判／132 ページ
■定　価：1,650 円（本体価格 1,500 円＋税 10%）
■ I S B N 978-4-86439-597-7

愛せば、愛され、愛しあえば、愛し続けることができる――

愛がなければ、よい介護はできません。
介護とは、介護を必要とする人を幸せにすることであり、介護職とは、介護という仕事に誇りを持った、人を幸せにする達人なのです。

愛する心を持ち、愛する技術を磨き、愛しあう関係をつくることが、介護にとってもっとも大切である――と、地域づくりの実践家が、自身の恋愛論をもとに熱く語ります。

【目次】